このままでは永遠に世界は平和に向かわない

力による平和や、
核兵器禁止条約反対を疑問に感じていて、
ただただ戦争がなくなればいいのにと平和を願うあなたへ

後藤 康 Yasushi Goto

文芸社

—力による平和や、
核兵器禁止条約反対を疑問に感じていて、
ただただ、戦争がなくなればいいのにと平和を願うあなたへ—
—「これで世界は平和に向かう」への呼びかけ—

戦争をやめようと、みんなでひとつになりましょう
みんなで心にそう念じましょう
そして、なんとか、この荒くれた空気自体を変えましょう
今こそ、平和を願う人たちで立ち上がるときなのです、草莽崛起（そうもうくっき）のときなのです

安全保障に関して主流派に反対している人たちの言葉が
まったく心に響きません
いったい、なにに反対しているのですか
戦争をすることに反対なのではないのですか

どうして、私たちは、捕まった殺人犯を見れば、自然に激怒できるというのに、
国を挙げての人殺しである戦争をする者に対しては、それと同じ普通のこととして、
怒りの感情をもつことができないのでしょう

どうして国を動かせる力をおもちのだれひとりとして、
熱く、平和を語らないのでしょう
どうして私たち国民のひとりひとりも、
熱く、平和を心に念じることができないのでしょう

どうして『これで世界は平和に向かう――吉田松陰の魂とともに日本の安全保障を考える――』がみなさんの間に広まり、少しでも平和に向かうことに役立たせていただけないのでしょう

だから、どうしてもこの本をみなさんに読んでいただきたいと思い、もう一冊、本書を書きました

まえがき

昨年、私は『これで世界は平和に向かう―吉田松陰の魂とともに日本の安全保障を考える―』を出版しました。

世界の安全保障政策の基軸は、「力による平和」です。私たち日本も、美しく誇らしい国で、普通の国なのだからと、そのやり方を完全に支持しています。信念をおもちの主流派の政治家グループがそう考えていることはわかるのですが、野党の人たちも、その進め方を真っ向から否定することがありません。

リベラルの立場だと期待している人たちの意見でさえ、「この国際緊張度の高まりは理解できるので、国際連携をして、しっかりやれることをやっていこうというところまでは、私もお認めします。しかし、あの件は……」と、肝心の、力による平和の否定、すなわち、アメリカが戦争をしようとしていることに対しやめなさいと注意するというようなメッセージを発してくださることがないのです。

　この日本の政治の現状に、私は残念でなりません。


　マスコミに対しても失望しています。

　例えば、スポーツの世界での指導者やアスリート自身による暴力事件や、権力者に対する忖度や贈収賄など、もちろん、これらは「いけないこと」なのであって、マスコミは真実をとらえて広く世間に知らしめるべき重要項目であるのでしょう。しかし、日本も巻き込まれるかもしれないというほどの近くで、友人と隣人が戦争をしようとしていること、それは、間違いなく「人が死ぬこと」なのであって明らかに「いけないこと」なのですから、それこそがどんなことよりも圧倒的に批判の報道の矛先にされるべき事柄だと思うのです。

　しかも、この話題の議論の実態は、けっして人が死ぬ戦争そのものを否定するということなのではなく、我が国の国際社会の中での権益、立ち位置、どう対応していくべきか論、が中心なのであって、すなわち、戦争絶滅よりも日本の国益、面子が大事というみんなの思考の前提がまったく完璧に確立されているのであって、そこから始まるどんなはかりごとに精を出しても、人が死ぬ戦争をなくそうとの結論に近づくことはないと思うのです。

また、それを正義の報道と思っているのかもしれませんが、危険を顧みない執念の現地ルポも、国民の妬みの感情を煽るだけの記事の数々も、それらは「戦争をなくそう」にはなんの役にも立ちません。それより、ただ、道徳に関心を集めさせることだけに注力すべきだと思います。どうして、堂々と、戦争をすると言っているアメリカや、堂々と、軍拡を宣言している中国に、だれも「それがいけないことなのです」と道徳を説かないのでしょう。

この報道の現実に、私は残念でなりません。

私は、困っている人たちを助けるための寄付やボランティア活動に大変消極的なほうの人間で、いつも自分を情けなく思ってきました。もちろん、聖人君子には程遠く、やってきたことを振り返れば、残念ながら、とても道徳人と言えるような人間ではありません。さらには、一生懸命活動されている方々に、まことに失礼な言い方になるのですが、私は、街頭で、宗教や、右や、左など、思想的なことについて熱弁をふるわれる人たちに、嫌悪感をおぼえるというほうの人間なのです。

しかし、どうしても、人が死んでしまう戦争というものを絶滅させる（せめて、今、そう考える仲間を増やし、世界の流れを少しでも変える）べきだとの思いだけは、考え付いてしまったというだけでなく、それを黙っているわけにいかず、また、そのようでない日本の現状に立ち向かわずにはいられないのです。

その理由は、今まで私が普通に生きてきた中で、人が人を殺してしまうということだけは絶対にいけないことであると感じていて、さらにはそれをとてつもなく大事なことであると信じているから、ということでしかありません。そして、有名人のだれかがこう言えばいいのに、この状況ならだれかがこう言いそうなものなのに、現実、だれもこのように言ってくれることがないからなのです。

戦争をしようとする国、している国に、「戦争は悪いことだ」と、だれも批判しない、この世の中が信じられません。どうして、シリア攻撃をする米英仏に「戦争をしてはいけない」という、はっきりとした言い方で、だれも批判しないのでしょう。反戦、平和主義という正義の理屈が、時代とともに変わってしまったのでしょうか。私は、正義の理屈は不変であると信じます。日本でも、遠くは、終戦からベトナム戦争にかけての頃に始まって、近くは、湾岸戦争の頃までの間は、間違いなく、この正義の理屈は、いつかは世の中を変えられるという希望をもって、多くの知識人たちによって叫ばれていたと思うのです。

ここが決定的に、みなさんと違っていると思うのですが、私は、間違いなく平和に逆向きであるはずの軍備充実の話や抑止力という言葉を、さも当然という言い方で、日米の力強い政治家が発言するときのその態度と、それをありがたがって、頼もしがって、聞いているマスコミのそういう姿勢に、怒りがこみあげてきて、どうしても許すことができないのです。戦争のいけなさへのためらいや恥ずかしさをなにひとつ見せることなく、平気な顔をして、話を進めていることが信じられないのです。

私には、現在の政治家、マスコミ、知識人らを理解できません。身の程知らずだと笑われるかもしれませんが、私は、このままの状況を放っておくわけにはいかないと考えたのです。

残念ながら、主流派は今のやり方を変えようとしないでしょうし、それに反対するリベラルを称する人たちも、だれひとりとして、私の考えたこの方法で反撃してくださることはないのでしょう。同じようにマスコミもなにも変わることがないのでしょう。私は、現実に事を進めているこの人たちに、平和への旗振り役を期待することができなくなったのです。

それで、一般の方々に呼びかけるしかないと考え『これで世界は……』を書きました。

人により、その程度の大小はさまざまでしょうが、国民のみなさんは、間違いなく平和への願いをもっていると思ったからです。その方々に目覚めていただくように書いたのです。それで、草莽崛起を目指そうと考えたのです。

なお、前作に引き続き本書でも、この「草莽崛起」という言葉をたびたび引用していくつもりです。吉田松陰が、安政の大獄で収監される直前、友人に宛てた書状に初めて用いた言葉ですが、『孟子』にある草莽（草木の間に潜む隠者）に崛起を合わせて、在野の志士よ立ち上がれ、という意になります。彼は、この言葉で多くの同志に呼びかけたのです。松陰死後も、この精神は多くの志士たちに受け継がれ、高杉晋作によって身分や出自を問わない奇兵隊がつくられるなど、幕末期、多くの在野の志士たちの力で倒幕維新が進められていったのです。

残念ながら、今のところ、思ったようには、本が広まっていきません。出版以来、著名人、メディアにも働きかけをしてきましたが、まだまだ、その効果が表れません。また、これまで、ここはおかしいのではないかと、具体的に本文中のどこかの理屈をご批判、ご指摘いただけたこともありません。だから、おそらく、内容的には正しいことを書けているのだろうと思っています。

一方、書いた内容は、ほとんどが三年前の安保論争で主流派が押し切ったところまでのものとなっています。平和への普遍的なストーリーを一冊にまとめたつもりではありますが、さすがに、昨年来の北朝鮮問題のさなかでは、それで、いったい、この状況にどうしようというのかと言われると、たしかに、もう少し、違う表現での付け加えが必要だとも思いました。

そこで、続編となる本書を書くことにいたしました。言いたいことは間違っていないのでしょうから、なんとか表現を変えて、なんとかより伝わるよう、さらに熱をもって、よりみなさんに呼びかけるようにしたというだけで、本質は前作とまったく同じです。そこに、北朝鮮問題を含め、今、この国際情勢をどう考えるのか、についていくつかを書き加えたのです。

初めの章は、あるテレビ番組のＭＣへの手紙が原型となっています。前作を読んでもらおう、前作を番組で取り上げてもらおうということが目的のお願い挨拶文なのですが、まさに、ここに書いたこの思いこそが、今回、私が本にしようと思った最大の理由ですので、一部を書きあらためたものの、挨拶文という形式そのままで載せました。

そのあとは、いくつかの小文からなる小文集となっています。昨年から続いている北朝鮮問題に対する考えや、こういう切り口で書いたらより伝わるのではないかと前作を書き上げたあとに気づいたことなど、いくつかの独立した小文の組み合わせになっているのですが、冒頭の章と同様、前作を読んでいただきたい、前作が広まっていくよう応援いただきたい、という目的で、前作を献本させていただいた方々に向けて書いたものなのでした。冒頭の章と同様、それは本書を書いた趣旨そのものですので、修正加筆の上、これらもそのままの形で載せました。

また、献本した方へは、簡単に本の概略や私自身を紹介しなければなりませんから、小文集のはじめは、前作の執筆動機、著者経歴、内容要約となっています。じっくり前作を読んでいただきたいという気持ちでいっぱいではありますが、とりあえず、本書だけを手にしていただく方にとっては、ここで前作をざっとつかんでいただけるようにもなっていると思います。

この国の空気をいまだ変えられていないのは、前作で、私の呼びかけの強さが不足していたからなのだと思います。それと、書き上げた後、急激に国際情勢が一変したこともあって、この今の状況に対していったいどうしようというのかがしっかり伝えられていなかったということでもあるのでしょう。

だから、今回、さらに、執拗に、私の主張である「力による平和」の否定と「道徳による平和」のすすめを、なんとか、みなさんの心に届けたいと、あらゆるとらえ方、あらゆる言い方で、書くことにしたのです。同じことではあるけれども、現在の状況であれば、こういう言い方のほうが、より伝わるだろうという言い方で書いたのです。また、前作では、こう考えるべきだという理屈の説明に力点をおきすぎ、どうしていこうというのか、の説明が不足していたように思います。本書では、最後に、総括として世界平和へのストーリーのおさらいを示すなど、その点にも注意して、よりみなさんの共感を得られるように書き進めるつもりです。

さらに、この現実世界の中で夢でしかありえないことと、みなさんがその実現をあきらめている平和というものを、どう表現すれば、ほんとうに実現するかもしれないと想像してもらうことができるのか、についても考えました。そしてそれをあとがきに書きました。そうしないことには、心から、私の意見に賛同し、国民の声をひとつにまとめることに協力してくれることがないだろうと思ったからです。草莽崛起が起きないと思ったからです。

前作に対して、いいことを書いているよね、そうなったらいいよね、とはよく言ってもらえました。でも、必ず、悲壮感はなく、少なくともしばらくの間は、そんなことになるわけないよね、と思っているとしか考えられないというリアクションなのでした。まだまだ、全然、思いは伝わっていないのだと感じました。ほんとうに正しいことなら今すぐにそうなればいい。それなら、ほんとうに、絶対に、このようなことが実現できるように、やってやろうと考えたのです。

また、トランプ大統領に読ませたいくらいだよね、とも言ってもらえました。それなら、ほんとうに、大統領はじめ、世界を動かす人たちに言いたいことが届くよう、やってやろうと考えたのです。

でも、一番多く言っていただけた言葉は、「本を出すことができてよかったですね、すごいですね」というものでした。とてもありがたいおほめの言葉と感謝しておりますが、正直なところは、生意気だと言われても、前作出版の目的が「素人の出版デビュー」などということなのではなく、「世界を平和に向かわせる」だったので、まったく喜べないのです。一生の思い出に自分の意見をまとめたということでもなく、ですからもちろん、酔狂やたわごとでもありませんでしたので。このままでは、PR不足もあって、全然熱意が届いていないということなのでしょうから、前作のPR書を兼ねる、もう一冊の本を書いて、なんとしてでも真意をお伝えし、どうしても世界を平和に向かわせよう、やってやろうと考えたのです。

とにかく、ひとりでも多くの方に本書を読んでいただきたいと思います。もともと本書は、どうして、いっこうに『これで世界は平和に向かう―吉田松陰の魂とともに日本の安全保障を考える―』がみなさんの間に広まって、平和に向かうことに役立たせていただくことができないのかという悶々たる思いで、あなたに広めてもらいたいと著名人らに献本するときに添えた文章が中心ですから、この本を手にしたあなたにも、ぜひとも、二冊を応援していただきたいと思っているのです。

すでに前作を読んでいただいた方なら、昨年からの動向をふまえた新たな言い回しに、私の意見の理解をさらに深めていただけるものと思います。正しいことを言っているようには思ったけど、現実の今、いったいどうするのかを聞きたかったという方には、その回答になっていると思います。可能なら、二冊のどこかにある表現をご利用いただいて、お近くにいらっしゃる勇ましいご意見の方をひとりでも論破していただければと思います。そして、その方に二冊をすすめてほしいと思います。

また、初めて、本書で私の考えに接していただくこととなる方には、ほんとうにお読みいただけることをうれしく、そしてありがたく思っています。ご感想ご批判をどのようなものでもお受けする覚悟でおりますが、あわせましてぜひとも、前作にもお目通しいただければと思っています。そして、賛同いただけるようでしたら、この意見が国民の声になりますように、お近くの大事な方にすすめていただくなど、二冊を応援願えればと思います。もちろん、そこまでされなくとも、一緒に平和を心に念じていただくだけでもうれしく思います。みんなが心に同じ思いをもつことによって、この国の空気さえ変えてしまうことができれば、一気に平和に向かうことになると信じているからです。

これで、いよいよ「世界は平和に向かう」ことになるのだと思っています。

なお、繰り返しになりますが、本書は、前作『これで世界は平和に向かう――吉田松陰の魂とともに日本の安全保障を考える――』を読んでいただきたいというPR書の側面が前面に出た形態になっています。ということもあって、前作献本の際に添付する目的で書いた、Ⅰの「献本のご挨拶文」からⅡの小文集の「憲法九条の……」までの文中での「本書」や「この本」は、前作の『これで世界は……』を示しています。まぎらわしいことではございますが、あらかじめ、おことわりさせていただきます。

また、さんざん暑苦しく主張を繰り返した最後の最後に、すなわち、あとがきのあとの巻末に、これまで書いたことのすべてに対しての究極のダブりとなるひとつの物語を挿入しています。ある高校のクラスで暴力廃絶を達成するというお話です。

私は、ほんとうに世界から戦争をなくせるのだということをみなさんに感じていただけるようにとの思いで本書を書きましたが、ここを最後の最後に読んでいただくことで、絶対に、必ず、すべてを理解し、すべてを納得いただけることになるはず、と確信しています。

この本を手にしていただいていても、まだ、世界平和を目指すなどという大それた言い回しに胡散臭さを感じていらっしゃる方には、独立した内容になっていますから、まずはこの「とても大切な巻末」から読み始めていただければいいのかもしれません。そこまで否定的ではなくとも、やはり世界が平和になるなんて夢としか考えられないという方も、そこから読んでみてください。その考えを最初に払しょくしていただけると思っています。

同じテーマで二冊目となる本書は、文庫本にしました。かさばらないサイズであれば、長きにわたって多くの方の上着のポケットやハンドバッグに収まることとなって、それはすなわち、長きにわたって多くの方に平和に思いをはせていただくことになるのではないかと、願ってのことです。前作を読んでほしいというPR本として書いたものではありますが、廉価でハンディな本書一冊だけをお読みいただければ、十分に私のすべての思いが伝わることになるようにとも考えて書いたつもりです。

いったい、何人の方のポケットに収まり、平和を念じていただくことが叶えば、この思いが国を動かす人たちの胸に届くこととなるのでしょう。日本が変わり出すのでしょう。そして、世界が平和に向かって動き始めるのでしょう。なんとしてでも、一ミリでかまわないので、「流れ」を変えてみせたいと思っています。

前作のときもそうでしたが、私などの本は原稿を書き上げてから出版まで半年はかかりますから、その間に、世の中はめまぐるしく進展していくことになるのでしょう。もし、その進展が、「力による平和」が否定され、「道徳による平和」という進み方で世の中が動き始めたということなら、もちろんなにも言うことはありません。二冊に表した、私の憤怒、嘆きは、過去のものとして、笑い飛ばして読み進めていただくしかないのでしょう。

しかし、たとえ、北朝鮮問題で、彼らが期限を定めて非核化するなど親和姿勢を示し、私たち日本人の当面の安全が見え始め出したのだとしても、私は、それだけではけっして、この本に書いた主張を引き下げるつもりはありません。

それは、抑止力によって北朝鮮が降参して私たちが安全になった、アメリカが実際に力を使って北朝鮮をねじ伏せて私たちが安全になった、では、まったく世界は平和に向かっていないからです。前者のほうには、北朝鮮が表面的には明確に降参することなく、米朝互いの面子が立つという形で、なんらかの妥協と、程よい落としどころというあたりで、当面の決着をつけたということも含めます。

アメリカの軍事力の前に北が屈したということで、ますます、日米は「力による平和」のやり方に自信を深めてしまうでしょうし、その他の大国たちも軍事力強化を目指してくるだろうということで、世界平和からは遠ざかるばかりの結果だと思うからです。同時に、私たちに反発している国やグループにとっては、北朝鮮は軍事力強化が実ってアメリカとの交渉にたどり着き、なんらかの条件を勝ち得ることができたと考えてしまうのではないかとも、恐れるからなのです。

この問題がこの先どのように進んでいくのかはわかりません。ただ、「戦争をするということは抑止力というその準備も含めて悪いものだから、これからお互い武装を解いていきましょう、道徳を大切にしていきましょう」との宣言がなければ、なにがあっても、私たちは安心と納得をしてはならないのだと思います。表面的な妥協にすぎない、また、本音は自分ファーストにすぎない、歴史的大転換だという、したたかで、不誠実な、演出、茶番劇にだまされてはならないと思うのです。

これまで米朝がやってきたこと、発言してきたこと、あざむいてきたことをよく見れば、彼らの本心は明らかでしょう。彼らの真の心根を変えることなくして世界平和はないと思うのです。

平成三十年三月

このままでは永遠に世界は平和に向かわない　目次

Ⅲ　とても大切な巻末

Ⅰ 『これで世界は平和に向かう――吉田松陰の魂とともに日本の安全保障を考える――』献本のご挨拶文

このままでは世界が平和に向かうことがない

アメリカはいつでも北朝鮮を攻撃できるのだと準備万端です。中国は、南シナ海をわがもの顔にして習政権の軍拡路線が永続していくようです。少し前、ロシアはウクライナやシリアに軍事介入していました。もちろん、今、北朝鮮がしていることも大間違いです。北朝鮮に対する怒りの気持ちはみなさんと一緒のようですが、私は、さらに、米中ロたち大国も同じようなものではないかと、腹立ちを抑えられないのです。

彼らは、まったくもって、世界を平和にしようなどとは考えていないのだと思います。そして、国際平和を誠実に希求すると憲法九条に謳っている我が国も、同じく世界平和のことなどなにも考えられていないのです。

日本も、北朝鮮や中国やロシアには毅然とした態度で非難を行い、国際社会でしっかり平和を指導していると言うのかもしれませんが、それならどうしてアメリカには非難しないのでしょう。友達以外にだけ正論を言うということなら、微妙な関係の三国、中国とロシアと北朝鮮がアメリカの軍事をそろって非難するのと同じではないですか。みんな、自分の安全のためだけに、敵対する軍事を非難するだけなのです。だれもが、これからも、いざというときには軍事力を頼りに世界を治めていこう、自分の身を守っていこう（守ってもらおう）としか考えていないということなのです。

また、これまで各地で紛争が絶えたことはありません。避難民のためにも、純粋な意味での平和維持活動なら、それは当事者以外のまともな国々で行っていくべきなのでしょう。しかし、背景や紛争経緯がとても難しくて、私には、すべての事態の真実を理解することができませんが、ただ、大国のだれかが、自分の権益や立場を考えてのこととして、どちらかに軍事的支援をする（ときとして、代理戦争になる）や、また、国連軍などが正義の味方ぶって、政府軍か、反政府改革軍かどちらか一方にだけ軍事支援するという行為が、絶対にあってはならないことだというだけなら、自信をもって断言できると思うのです。

こういうことをしていては、私たちは永遠に世界を平和に導びいていくことができません。こういうことをやり続けているから戦争がいつまでたってもなくならないのです。この悲惨な現実がいっこうに希望に向かっていかないのは、戦争は絶対にやってはいけないことなのだと、だれもが思っていないからなのです。先進国のだれもが発言しない、からなのです。ただそれだけが原因です。

まえがきに書いたように、今の北朝鮮問題がこれからどうなっていくかはまったく予想もつきませんが、ただ言えることは、今の流れのままなら、たとえどんな決着になったとしても、世界平和に近づくことにはならないだろう、ということです。

戦争でも起きれば、隣国の話で、間違いなくとばっちりを受けることになるのですから、当然、私たちには発言する権利があるのだと思います。こんな「戦争はやめてよ、平和に向かおうよ」と真正面から正論を言えるという、またとないチャンスだというのに、世界平和へのリーダーに名乗りをあげる大いなるチャンスだというのに、です。我が国が平和に向かうための発言をなにも言わないことが残念でなりません。

この問題では、まずは、アメリカのほうに、戦争で解決しようとするな、と言うべきです。すなわち、北朝鮮が怖がることがないよう核をもう少し減らすことと、絶対に北朝鮮に攻撃しないと約束させることから始めるべきだったのです。そのあとで、いいかげんにせよ、核を捨てよと、北朝鮮に説教をすればいいのです。それで事が進んでいけば、間違いなく世界は平和に近づくではありませんか。

米韓に置いてけぼりで日本の立場はどうなるのかだとか、現実の戦争になったとき果たして日本の備えは大丈夫なのかだとか、などなど、これら本筋以外の話はどうでもいいではないですか。

まえがきでふれましたように、ある情報番組のＭＣに、前作『これで世界は平和に向かう……』を献本した際の挨拶文から始めます。

二〇一七年夏に、その番組で「戦争」が特集される回がありました。そこでは、子供目線も加えて、また、実際に戦争を知る外国人の方々の声も交えて、戦争について私たち一般市民がどう考えていけばいいのかが討論されていました。

内容的に、その討論の中で発言したくなるようなものでしたし、番組の終わり方も、みなさんもご家族で話し合ってください、そしてご意見をお寄せくださいというものでしたので、私はそのMCと番組制作スタッフに、挨拶文と小文集を添えて、前作を献本したのでした。それとわかるような固有名詞やエピソードを除いたそのときの文章が、本書のⅠ、Ⅱ、のもととなっています。残念ながら、その番組で前作が取り上げられるということにはなりませんでしたが、今回、そのMC、その番組だけを対象にするのではなく、広く多くの一般のみなさんに向けて呼びかけてみようと、そのときの文章を中心にして、本にしたのです。

番組の詳細は省略しますが、私は、その中で語られていた二つの発言に注目しました。戦争が起きてしまうのは「しかたがない」と思考を停止してしまうことが原因なのではないか、と、密室で銃を突きつけ合う二人のうち、果たしてどちらかから銃を下ろすというようなことが可能なのだろうか、という二つに対して、です。私はその二つの発言に応えるという形で挨拶文を書いたのでした。

そして、間違いなくそのときのその番組は、みんなが嫌いな戦争がどうして今このような状況で存在してしまっているのかを、おひとりおひとり市民レベルで考えてみましょうという趣旨の内容だったように思います。

献本のご挨拶文

拝啓

初霜の候、A様には、益々ご健勝のこととお慶び申し上げます。

また、大変お忙しいところに、突然のお手紙をさせていただく失礼をどうかお許しください。

どうして、北朝鮮やアメリカが、そして日本までもがこうなっているというのに、だれも、平和を、熱く語らないのでしょう。

戦争がなくならないのは、そんなことが実現するわけがないと決めつけ、だれも本気で戦争をなくそうと考えていないからだけなのだと思います。北朝鮮に対しては、核兵器をもつなと、核の抑止力をもって威嚇することが間違っているのだと思います。戦争をするなと戦争をすることによって抑えつけようとすることが間違っているのです。このままでは、なにひとつ根本的に解決することはないのでしょう。

私は後藤康と申します。別紙に経歴等を添付させていただきましたが、実はこのたび、『これで世界は平和に向かう――吉田松陰の魂とともに日本の安全保障を考える――』という本を文芸社より上梓いたしました。一部献呈させていただきたく、どうかお納めいただきますようお願い申し上げます。

いつもテレビでAさんのご活躍を楽しく拝見させていただいております。（中略）

どうしてもA様に、思いをお伝えいたしたく、勝手ながらではありますが、このようなことをさせていただきました。

本を出版いたしました

今申した通り、このたび私は本を出版しました。しかし、思うような反響もなく、世間の話題になることもなく、厳しい現実を突きつけられているところです。今まで私は理系一筋でしたし、こんなに長い文章を書くなどということも初めてのことでしたから、もしかしたら、しっかりと、みなさまに言いたいことを伝えられるような表現ができていないのかもしれません。まずは、そんな自分の未熟さを思い知るべき、いや、文章力の問題などではなく、そもそも内容そのものが、それほど世の中を正せるというような「正論」ではなかったということなのかもしれません。

謙虚にそう考えるべきなのかと弱気になることもありましたが、しかし、どうしても、今回私は、正しいことを考えて、それを本にできたのではないかと、その自信が微動だに揺るがないのです。どうして世の中がこの正義に気づいてくれないのか、どうしていっこうに日本は平和に向かおうとしないのか、どうして力と良識をともに備えているような著名人のだれひとりとしてもが、この意見を取り上げてくださらないのだろうかと、私は不思議でならないのです。

突然、A様に、こんな物言いは大変失礼なことだと思っております。頭がおかしいと思われてここまでしか読んでもらえないことになるのかもしれません。が、逆に、こうでも言わない限り、まったく見ず知らずの私の本などを読もうと思っていただけないのではないかとも思いました。また、もし読んでいただけたとしても、まあ、言いたいことはわかるけど、今すぐにはどうしようもなさそうだし、面倒なことを自分がしょい込むこともないわけで……くらいで終わってしまうだけなのではないかと思ったのです。

私は、人は常に謙虚であるべきと考えるほうの人間でしたが、せっかく世界を平和にするという正しいことを考えられたというのに、こんなことではいけないと、今回に限っては慎み深さを捨てるべきだと考えることにしたのです。そこで、私が今思っている通りの、信じていることを、自信をもって、正直に書かせていただき、なんとかこの思いを伝えることによってA様の心を動かせないものかと、ここに挑戦させていただくことにしたのです。

あとで詳細を書きますが、何人かの著名人、政治家、メディアなどに、内容に賛同いただけたら多くの方にこの本を知っていただけるよう応援してほしいと、挨拶状、小文集を添えて献本いたしました。が、熱意あるいは強引さが欠けていたのか、いくつかお礼状まではいただけましたが、今のところ、まったく反応がありません。また、ひと月の間、B書店でポスター展示や平積み販売をしていただいても、この本が世間で話題になることはありませんでしたし、というより、国内のどの場面でも、私が訴える平和に向けての正しい議論が、いっこうに行われる様子がないのです。今のところ、まったく、なにも起きないのです。国民はなにも気づかずにいるのです。

しかし、繰り返しになりますが、絶対に正しいことを書けていると思っていますので、また、日本を、世界を、どうしても平和に向かわせたいと思っていますので、さらに、本を書いただけで終わってしまい、意見を広めることと世論を正しく形成させることを諦めてはならぬとも思っていますので、ただただ直感を頼りに、また、大変A様に失礼なこととは思いましたが、あなた様にお願いすることを思い立ったのでございます。A様の哲学、政治信条などを存じているわけではございませんが、テレビで拝見する、誠実さ、ストレートさに賭けさせていただいたのです。

○月×日放送の番組への私の回答

さる○月×日放送の番組で、戦争をどう考えるかについての特集をされていましたね。子供の視点も加え、われわれ一般市民がどう戦争に向き合うべきかを真摯にご議論されておられました。

このときの流れを見ても、私の意見は、番組の求めていたひとつの提案として成り立っているのではないかと自信をもちました。少し前のこととはなりましたが、まさにご出演されていた、また、まぎれもなくそのときその流れの中で思考されていたA様になら、以降の話が伝わるのではないかと期待するのでございます。よろしければ、もう一度、スタジオでの討論シーンだけでも早送りで見直していただき、思い出していただければと思います。

このような状況なのだからといって、戦争をすることになってもそれは「しかたがない」と、事をすましていてはいけないのではないか、とありました。その通りだと思います。戦争は正しいものではないのですから、どんなときにでも、もちろんやれたとしても、「しかたがない」からと戦争をしてはならないのだと思います。まずは、そうみんながそろって考えるようにならない限り戦争はなくなりません。番組にもあったように、ここで「思考停止」してはいけないのだと思います。というより「思考停止」してしまうから、戦争がなくならないのだ、と言いきるべきなのだと思います。

私たちが、よくわかる例があります。我が国が太平洋戦争に突入していったときとは、まさに、今もそう信じている方が大勢いらっしゃるように、当時の日本の置かれた立場では、石油は必要だったし、ＡＢＣＤ包囲網の中でアジア共存を目指さねばならなかったし……、だから「しかたがない」だったのです。これだけ、戦争を憎む平和主義である私であっても、そのときの日本の大義は理解できます。だからこそ、戦争はしてはいけないとのことだけを、守るべきということでしか、戦争を防げないというのです。「しかたがない」と言わずに、思考を継続し続けるべきであるというしかないのです。

逆に、アメリカは、原爆を落としたことを含め徹底的に日本をうちのめしたことを、「しかたがなかった」と言うのでしょう。早期に戦争を終結させられたと、いくら原爆投下の正当性を語っても、また、真珠湾という先制攻撃をやられたからだとしても、それらの言い分を一切認めてはならなかったのだと思います。

けっして「しかたがない」からと、日米両者は戦争をしてはいけなかったのです。

事、この問いに関しては、たとえ、それだけかと言われたとしても、「しかたがない」ですまさないという強い決意をもつ、としか答えようがないのです。番組で語られていたように難しい問題であるなどというとらえ方をしている場合なのではなく、ただただ、どんな場面でも「しかたがない」ですまさないことを貫き通す、しかないのです。

そのためには各国が武器を捨てねばなりませんが、みんな我が身がかわいいし、いったいだれからそれを始めればいいのかというところで行き詰まってしまうのではないか、という意味合いの発言もありました。あの番組では、この問いの答えこそを、もっとも求めていたように感じました。

その答えになるような考えを、私はこの本に書いています。ここでは、その問いの直接的な答えとなるような形で、その進め方をお示ししたいと思います。

① 私闘である戦争というものがない社会。それは、各国が私的に武器をもたない社会。また、世界の警察ともいうような抑止力は必要なので、公的なところが軍備しているという社会。まずは、このような社会が理想のゴールであると世界中で認識し、そこを目指そうと誓い合う。そして、あわせて、これからは、本気で「武力行使に頼らない、すなわち戦争をしない」ということも、あらためて誓い合う。

② 現状、こうなっているという状況のすべてを認めることにして、その代わりにここからは、世界中そろって一ミリずつでいいので、必ず軍縮の方向に向かっていくこととする。ならず者が心配だと武器を手放さない国に対しては、公的なところへの軍備転出を促しつつも、その世界の警察がまだまだ頼りないから安心できないというなら百年今のままでもいいよと、平和への時間経過には圧倒的に寛大になってあげ、ただし、これ以上の軍拡だけは絶対に許さないようにするとの姿勢で臨めばいい。北朝鮮に対しては、あなたが恐れているアメリカもこの世界中納得の誓いをした仲間なのだから、絶対に攻撃させないと約束するからと安心させ、ともに軍縮していこうと誘えばいいのだ。こうすることで、現状維持が長らく続くかもしれないが、少なくとも、永久に今以上国際緊張度が悪化の方向に向かうことはなく、また、はるかかなたかもしれないが、いつかは、必ず、理想のゴールに到達できるのだ。スタートが現状のままからでは不公平だという現在強国ではない国々に対しては、それも正当意見だとは思うので、できる限り当面の補強を認めてやってもいいと思う。でも、そもそも、絶対に戦争はしないようにしようと誓い合うのであるから、今後、軍備は利用しないの

だから、なにを細かいところを気にすることがあるのだ、と言ってやれば、きっとそこそこのところでスタートを切れるはずだとも思うのである。正義を気取る大国たちも、一方それに反発する軍事新興国たちも、なにを軍縮にためらう必要があるのだろう。並行して、世界中そろって公的な抑止力の充実を図っていくだけでいいではないか。いったん、これが進み始めさえすれば、各国トップは全員、肩の荷が下りるに違いない。とても楽になるのだと思う。

③　②と同時に、世界中で「絶対に武力行使はしない」を徹底するため、もし、今、誓いを破り戦争をしてしまうような国があれば、そのときには、現状の各国の私的軍備を結集し、にわかに公的なものであると世界中で認知して、その力をもって成敗することとなる。現状、国連でこれを行うことにするなら、当然、本件に関しては五常任理事国だけが特別に拒否権を使えるということがないようにすべきである。そして、対象は、仕掛けたほうにも、やり返しているほうにも、その両方に、であるべきで、対立者の片側の大義のほうだけを正義とみなし、どこかの大国がどちらかへ

武力支援するというような行為も、けっして許してはならない。

この、①から②、③へと世界を進めていくことが、今の実情の中で考えうる、現実論としての平和への施策だと思います。①で掲げた理想に向けて、②、③という現実策をとるのです。これで各国は、それぞれのタイミングがあるとは思いますが、お互いけん制しながら、あるいは、お互いで誘い合いながら、それぞれの武器を手放し始められるのだと思うのです。

この施策が有効に進められることで、だれもが「しかたがない」と言うことができなくなります。恐らく、どの国の指導者も、本心では、自らの安全のために絶対に平和であることのほうが楽であるに違いないのですから、「しかたがない」と言わずにすむ、と言ったほうがいいのだとも思いますが。

さて、この、①から②、③へとの流れをつくるためには、どうしても、それなりに有力ないずれかの国がリーダーシップを取り、世界をその方向に導いていかねばならないのでしょう。そして、それをやりきれる国は、日本でしかないでしょう。いつか自然にそうなればいいなどという考えは、それこそ、主流派の方々が私たち平和主義者を小馬鹿にする言葉としてよく使われる、夢物語そのものであり、理想主義にすぎないのだと思います。

我が国が、やられたらやり返すしかないのだという考えの勇ましい人々がよく口にされるように、ほんとうに美しい国、誇らしい国であるのなら、その崇高さをもって、だれも言わなかったこの馬鹿正直な「正論」を、世界に宣するべきなのではないでしょうか。そこにこそ、勇気を振り絞るべきなのではないでしょうか。

今こそ、日本は、核兵器禁止条約に賛成している多くの良識ある国々の先頭に立つべきでしょう。そして、大国たちに、まずはその条約に賛成することや安保理常任理事国拒否権を放棄することなどを呼びかけたのち、世界平和へのリーダーたる自覚をもって、①から②、③を導いていくべきだと思うのです。

そもそも番組でのこの話は、密室にいる対立する二人のうち、どちらかから、突きつけあった銃を先に捨てられるというようなことがありうるのか、永遠にお互いが捨てられないのではないか、というものでした。この仮定の中では、たしかに永遠に平和が実現することはないでしょう。

　だから、その二人を密室などに閉じ込めておくのではなく、白昼堂々、世界平和への誓いをする場に登場いただき、「まずは絶対に武力行使という選択肢は選ばない」との誓いをする仲間に強力に誘えばいいと思うのです。二人はきっと楽になることでしょう。じっくり考えれば、いつか最後には、お互いそろって銃を捨てられることになると思います。そのような世界平和を実現させる場を、地道に、愚直に、正論だけを言い続けて築いていけばいいのです。それを導く世界平和へのリーダーに日本こそがなればいいと思うのです。

　ちなみに現状進められている北朝鮮問題に対する「力による平和」策は、とても①で言う理想を目指しているとは思えませんから、その理由をもって否定できるのだと思います。抑止力、あるいは、リアル攻撃で北朝鮮を屈しさせようというのですから、戦争することを悪いことだとしていないからです。いくら、その結果として、なんらかの軍縮を約束し合うということになったとしても、軍事力そのものが悪いことであるとの反省がなければ、今までの歴史が示すように、いつでも、なにかがあれば、もとどおりになってしまうだけだからです。

この考えを、突拍子もない、現実離れした意見だと言われるでしょうか。

それでは、この他に「しかたがない」ですますことや「思考停止」を防ぎ、どちらからでも武器を捨てられる、軍縮を始められる、すなわち平和に向かうことができるというやり方があるでしょうか。特に、①の、世界が「ゴールの姿の確認と平和への誓い合い」をするということをやり遂げない限り、絶対に、だれも武器を捨て始めようとすることはないと思うのです。

北朝鮮が着々と核武装を進め、それを抑えるためにとアメリカはさらなる抑止力の強化を図り、すなわち今にも両者は、私たちも巻き込まれてしまいそうなくらいのすぐそばで戦争をしようとしているのです。そして、今でなら、ことさらにそのことを強調していいときだと思うのですが、我が国は唯一の被爆国でもあるのです。今こそ、堂々と、世界じゅうに、この意見をもって立ち上がることが可能なタイミングなのではないでしょうか。突然、今までと言っていることを変えることにはなってしまいますが、よく考えてもらえれば、多くの良心的な一般の国からは違和感をもたずに賛同いただけるような当たり前の意見になっていると思うのです。

国際平和を希求しようと平和主義を謳う我が国なのですから、我が身が危なくなってきただとか、現実的に国際緊張度が高まってきたなどを理由にして「戦争は絶対にしてはならない」という目指すべき正しい道を踏み外してはならないと思うのです。むしろ、このような状況にあるからこそ、すべての原因になっているところの憎しみ合いの増幅合戦の廃絶を、世界に説かねばならぬと思うのです。

この正論に対して、大国は苦虫を嚙みつぶしたような顔をして反撃してくるのでしょうが、勇気をもって立ち向かうべきときだと思います。我が国も今の今まで言ってきたことではあるのですが、その大国の反撃の理屈に対しては、この本や小文集に書いた理屈で必ず撃退できると考えています。大国の言い分は、どこかが必ず正しいことではないということになっていて、絶対に正義は勝てると思うのです。

昨年は、核廃絶を訴えている、とある団体が受賞したようですが、ノーベル平和賞とは、これを成し遂げる日本のリーダーこそが受けるべき賞なのだと思います。結党以来の宿願だと憲法九条の改正などを目指されるのではなく、ぜひとも、歴史に名を残そうというそのモチベーションを、世界平和に、ノーベル平和賞に、お向けいただきたいものだと願うのです。

各国の考え方は違うものであり、大国はそれを理由に戦争をしてはならない

考え方の違う国はいくらでもあるのです。それこそ、そのことは「しかたがない」ことです。軍事新興国家は、考え方の違いを、正義づらする大国から武力で抑え込まれることを恐れているのです。その対抗のためにと牙をむいているのです。大国が好まぬ行動をとったとしても、けっして武力行使されないとの安心感を彼らに与えることこそが、まずはすべての最初だと思うのです。それが、世界中で①の誓いを立てるということです。そこからでなら、彼らも含めて、世界中そろって軍縮に向かえると思うのです。

国が個別に抑止力をもつということは、考え方の違う国が、自分らの価値観ではどうしても許せないようななにかをやらかしたときに、「戦争をして」それらを抑え込

もうというその準備に他ならないのです。ここを「しかたない」ですませるのではなく、絶対にいけないことであると、とどまらせることでしか、世界が「戦争をなくす」というゴールに向かうことはないのです。是が非でも、ここを突破しなければなりません。だから、①を、ならず者のみならず正義を気取る大国たちも含めて、みんなで誓うことが、最大の解決策になるというのです。

本気で戦争をなくそうと決意するなら、絶対に強いものからこそ譲歩をさせるべきです。よく、ならず者たちとは話ができないなどとおっしゃいます。なら、どちらのサイドの国々も戦争をなくそうということに関しては障害になっていることに変わりがないのですから、まずは、話ができるほうの、正義づらしている大国の方々から説得し始めればいいのでしょう。そして、話ができないというグループの国々の、反発心、対抗意識というものをつぶしてしまえばいいのでしょう。軍備する大義というものをなくしてしまえばいいのでしょう。

「国益」ではなく「公共の便益」を、「力による平和」ではなく「道徳による平和」を

事、安全保障に関しては、国益や○○ファーストという言葉を使わないよう、だれもが努力をすべきです。そして、我が国民の安全が第一や、我が軍需産業発展のために、などの自分だけがよければいいというような考え方は捨てて「公」を考えねばなりません。世界の平和というものだけを第一に、みんなでそろって考えていくべきなのです。

また、今、まさに日本も強く支持している「力による平和」のやり方では、何度も繰り返しますが、たとえ、今回、血を流すか、怨嗟を残したままかのどちらかで北朝鮮を屈しさせたとしても、今後ますます、軍備を増して反旗を掲げてくる国やテロリストグループは増え続けるだけなのであって、どんどん日本の安全は侵されていき、戦争リスクはエスカレートしていくばかりなのです。

「力による」とは「戦争をすることによって」という意味です。そこを、まずは、当たり前のことと否定してしまわない限り、なにひとつ正しい議論を始めることができ

ません。

今、北朝鮮がしていることはとんでもなくひどいことかもしれませんが、それにしても、それだからといって、戦争をするのはやむをえないことだとしてしまうことから、それを現実論だとして認めてしまうことから、そのために、三年前成立した安保関連法や自衛隊の存在を憲法に明記すべきなどという俗論が、現実論として同じ次元であるというだけで、あたかも正しい方策であるかのように出てきてしまうということになってしまっているのです。それが、今、みなさんが納得しかけている議論の成り立ちの真実だと思うのです。

学校で習った、喧嘩をしてはいけません、を思い出しましょう。やられてもやり返すなと、みんな学んだはずでしょう。戦争は、学校での喧嘩より恐ろしく、人が大勢亡くなります。私たちは、現実がどうであるかなどにとらわれることなく、道徳で、やるべきことを考えていくべきなのです。

憲法九条で謳う「国際平和を誠実に希求する」を本気でやり遂げようとするのであれば、「力による平和」から「道徳による平和」に世界の流れを変えることこそに心血を注ぐべきなのではないでしょうか。

みんな、いったいなにに反対しているのか、それは「戦争そのものに反対する」ことではなかったのか　―正しいやり方で国際平和を希求しよう―

侵略戦争をしたことや南京、慰安婦の件などでの反省が足らないであるとか、そのプロセスを解明せよだとか、その真実、実態をもう一度検証し明らかにすべきであるだとか、などと言っていても、どうにもならないでしょう。そもそも、何人が亡くなっていようが南京での出来事は悪いことですし、慰安婦問題も非人道的な悪いことです。同じように、いくらアメリカがその大義を主張したとしても一度で大勢の命が奪われた原爆投下ももちろん悪いことですし、また、どこかの紛争で流れ弾にあたってたったひとりの軍人が殺されたということも、それらはすべてあってはならない悪いことなのです。

だから、そんな戦争に関わる周辺のいろいろなことを掘り下げる暇があるなら、すべての戦争は自衛の意識から始まるのですから、自衛戦争も含めて戦争をするというその行為そのものだけを徹底的に否定するということにこそ注力すべきなのです。喧嘩両成敗だけが正しい道徳です。悪い国を退治するのだから、大義があるから、なども含めてすべてを否定して、戦争をするという行為を悪いこととすればいいのです。こういう言い方で、戦争をなくそうとすべきなのではないでしょうか。

残念ながら、憲法九条を護ることだけを主張する反対意見も、まったく効果がなかったように思います。集団的自衛権については、同盟国が戦争をすること自体を否定せずに、法律論やその前提条件についていくら議論をしても、なんの意味もないように思いました。そもそも、日本だけが戦争をしなければいいや、自衛隊の方々を危険な目に遭わせられないなどは、「国際平和を希求する」ための意見になるとは思えません。

失礼ながら、今までの、リベラルと言われている人たちによる戦争反対の仕方では、世界を平和に向かわせられなかったのではないでしょうか。果たして、それで、正しく国際平和を希求していたと言えるのでしょうか。

そういうことでもありましたので、三年前の安保論争は主流派の勝利に終わってしまいました。これも繰り返しになりますが、そのときから、私は、政治家、マスコミ、知識人のだれもを信じられなくなり、それで本書を書き、一般国民に訴え、草莽崛起によって日本を、そして世界を変えるしかないと考えたのです。正しく国際平和を希求するべきだと、その呼びかけのために立ち上がったのです。

銃乱射事件や核兵器禁止条約に反対することに対して思うむなしさや違和感を大切にしよう

昨年、テキサスやラスベガスで起きた銃乱射事件をあってはならない悲惨な出来事だとは、今の勇ましいほうに傾きかけている日本人であっても、だれもが思ってくださったことでしょう。この感情を、安全保障の議論のときにも呼び起こしていただきたいのです。そう、銃所持自体を取り締まらなくてはならないのです。

日本は、銃をもつことを禁止することで、銃犯罪のない社会を目指しています。公の抑止力である警察には銃をもたせても、です。同様に考えれば、戦争をなくすためには、究極では、すべての国が武器を手放す、しかないのです。
銃を悪い奴にもたせないようにする、では解決しないのです。そもそも、北朝鮮は悪い奴だからもたせない、では、彼らを納得させることはできません。文化、歴史の違うそれぞれの国のやり方をもって、どう正悪を決められましょう。アメリカだって、少なくとも、核を圧倒的に保有して、北朝鮮を威嚇しているということだけを見れば、明らかに悪い奴ではないですか。そう、国の正悪なんてことはだれにも決められないことなのです。だから、それぞれがどのような国であるかなどということとはまったく別次元で、みんなで武器を減らしていきましょう以外に、平和へ向かう、この問題の解決策としての理屈はないと思うのです。

また、我が国が国連の核兵器禁止条約に反対してしまったということについても、もっと、しっかりと思い出しましょう。被爆者の方々の働きかけまでを無視し、アメリカに追従した我が国政府に、少なくとも、あのニュースが流れたときには、多くの日本人が心に疑問をいだいていたはずだと思うのです。

この二つの例で、日本人が感じたはずの思いを想像してもわかるように、まだまだ、日本人の誠実さは、どこの国にも負けない素晴らしいものなのだと思います。本質に基づいて、順々に議論を積み重ねることによって、正義を見失いかけている国民の目を覚まさせることは、今ならまだ十分に可能性があると思うのです。今の勇ましいだけの安全保障論議に、多くの国民は、わずかであるかもしれませんが、なんらかの違和感をもっていると思うのです。間違いなく、北朝鮮問題がここまでになるまでは、国民の多くは九条改正に疑問をもっていました。私たちの心の奥底の真心が、そう簡単に変わることもないはずです。当面強き者に頼ろう、や、武力行使のお手伝いをよりできる自主独立の国になろう、などという愚かな考えは、いろいろなことが不安になってきたから芽生えてきただけのことなのです。

理想と現実

安保法反対や九条改悪反対などの意見が、現実的でない理想論にすぎないものだと言われることがあります。意識的に、主流派が平和主義者を抑え込むためによく使う言い回しでもありますが、たとえば、勇ましいだけの偏った、ということでもなく、冷静で良心的と思われるような方でも、立憲民主党の躍進に対し「本気で政権を狙うのであれば、安保については理想論だけでなく、もう少し現実的にならねばならない」などと発言されるように、ごくごく普通にも、この議論の中では、この「理想と現実」という言葉が安易に使われてしまうのです。

実際、多くの一般国民が、このキーワードに重きをおいて考えてしまうことによって、理想の夢物語を言うだけの人たちより、現実に真摯に取り組み、北やテロ集団という悪におじけづくことなく毅然と立ち向かおうとしている主流派の行動を良しと考えているのではありますまいか。

しかし、「理想」と「現実」というそれぞれの言葉が、適切なところでそれぞれ正しく使われないために、議論がかみ合わず、それだけでなく、事の正悪の判断を誤らせてきたとも思うのです。平和主義者は、ここをしっかりと反論してこなかったので、いろいろな場面で、主流派には押され続け、また、一般の常識人にも、空気感として、なんとなくボケた意見だと受け取られ続けてきたのではないでしょうか。

なんとしても私は、ここで、この仕組みを明らかにし、平和主義者の立場を挽回させたいと思うのです。この日本の空気を変えようと思うのです。今述べたような一般国民の気持ちを、理屈で納得させ、考えあらためさせられない限り、とても私が考えている草莽崛起などを起こせるわけがないからです。

まず、戦争のない世界がゴールであるということは、絶対にそこを「理想」として、全世界で認識すべきことでしょう。実は、理想という言葉が、あてはめられるところはここだけであるはずなのです。そして、この夢のゴールは、理想として絶対に正しいことなのであって、このあとに万が一ひどい理屈がつけ加えられたとしても、それと一緒に、理想主義だと言って片づけられてしまうところではないということを、まずは確認しておく必要があると思うのです。

その理想に向かうために考えることは、もちろん現実策であるべきです。私は、先述の①の誓いを立て、②③を実践するという手順こそが、その現実的なアプローチなのだと思っています。

このやり方を、政治をわかってない者の抽象的な理想にすぎないと言われましても、残念ながら一般国民にすぎない私には、これ以上この策を具体化してみせることはできません。そう言われるなら、国を動かすことができるお立場の方々に、この平和への正しい策を理想主義だと小馬鹿にして否定するのではなく、その内容をお認めいただき、早々に、まさに具体的な形にして、この意見を行動に結び付けていただきたいものだと返したいくらいです。そもそも「具体的・抽象的」問題と、現実策かどうかという問題とは無関係なのです。もちろん、理想ともなんの関係もありません。すなわち、私にとってやむをえないことである具体的記述の限界に対して、理想と現実問題にからめて、攻撃されるいわれはないということなのです。

一方、現主流の「力による平和」のやり方は、範疇として、それはけっして現実論などというものではなく、「しかたがない」と思考停止した上での、戦争を絶対にしないという目指すべき理想にそぐわない、けっしてやってはならないことにすぎないのです。感情的に許せないからスッキリしたいや、どうしても我が身だけは安全でいたいや、手っ取り早い方法で、などということだけで、理想に目をつむり行動選択をするのだとしたら、それはけっして現実策なのではなく、ただの邪道です。

先ほど確認したように、理想に掲げていること自体は正しい内容なのでした。その理想に向かうこと自身はけっして夢物語などと否定されるものではないのです。それで話は終わりです。これらの話は、理想論、現実論の問題として、白黒をつけるようなものではなかったのです。

また、主流派からは、理想ばかり夢見ないで、このような国難であるのだから現実をよく見て考えてみよ、などというような言い方で責められることもあります。しかし、私たちがそのとき、まわりをどう見てどう考えているかなどということ以前に、今のこの世界においてほんとうの正義とはなにかと絶対的真理を問えば、北朝鮮が暴れていようがいまいが、アメリカファーストであろうがなかろうが、日本が美しい国であろうがなかろうが、そして、世界の中のただの一国でしかない日本が国難であろうがなかろうが、それは絶対に変わるようなものではなく、それは「戦争は正しいものではない」でしかないはずでしょう。むしろ、現実がこれだけ危ないことになっているのですから、余計に、理想である平和を強調すべきときなのではないでしょうか。

やはり、ここでも「理想と現実」が正しく語られていないのです。


国連の核兵器禁止条約採択の件に関して言えば、核兵器を禁止しようは、理想としては、申し分のない条文なのであり、それを理想主義だと否定することは絶対に間違っています。もし、条約で決まったのだから、明日からどの国もすべての核兵器を捨ててしまえなどという人がいれば、その人に対してだけ、あなたは理想主義すぎると笑い捨てればいいだけなのでしょう。まずは、理想を掲げ、そこに向かって現実的に考えていきましょうとの姿勢は、まさに、正しい世界平和へのアプローチになっているのだと思います。

また、その条約には反対しておきながら、別に核廃絶決議案採択を主導している日本は、禁止条約の方は理想にすぎず、自ら主導するほうの決議案で、現実的に核保有国と非保有国の橋渡しをするのだと言っていますが、その行為は、理想と現実という言葉を無理やり台詞に割り振り、ただただ、同盟国の顔色を見ながら事を進めるというやり方なのであって、己の矛盾をごまかすものでしかありません。理想と現実という言葉を使っての、議論かき乱し策の典型だと思います。

逆に、感情的にはわからないこともありませんが、憲法を護っていさえすれば戦争を防ぐことができるのだからという理由で改憲はならぬだとか、沖縄県民の感情を考えられれば米軍辺野古移転は絶対に許されるものではないだとか、という物言いは、現実を無視した理想主義と言われてしまうのかもしれません。その他の本質ではないところで主流派の考えに反対するという不毛な意見の数々も、理想主義にすぎないと理想そのものまでもを馬鹿にされ、議論においては、正義派の立場を不利にするだけのように思います。真の平和主義者なら、余計なことを言って、敵に平和ボケや理想主義にすぎないなどとの反撃の口実を与えてしまうことにも、もっと慎重になるべきでしょう。

なお、トルストイ＝ガンジー主義だとか、無抵抗主義だとかという、より厳粛な考え方があります。暴力にその身をほろぼされることの有無を問わず、ただ、どんな状況であっても道徳を貫き通そうという考え方ですから、倫理的に生き抜くという意味で、私の意見より、はるかに崇高な思想であるのでしょう。

しかし、私は、現代の法律でも認められている正当防衛というものも立派な正義と考えていますので、目の前の攻撃者への反撃までを否定するのではありません。もし、この正当防衛までをも認めないと言えば、それこそ、今ここで考察しているところの「理想主義にすぎない」やり方に堕ちてしまうと思うからです。

今の時代はもちろんですが、この先、公の抑止力が確立されているという社会になったとしても、急迫性さが認められ損害を受ける状況が明らかであれば、その奇襲軍事攻撃に対し、その個別の即刻の反撃は、いかなる場合であっても許されると思うのです。

ただし、もちろんのこと、ときをおいて、あらためて、計画性をもって、攻撃してきた国に対して復讐の戦争を仕掛けるということは、それこそが自衛戦争というものなのであって、断固許されるものではないと考えます。

さらに、こういう切り口で考えてみるのはどうでしょう。

安全保障に関することをどう進めていくかという、その正しいやり方が「理想を掲げ、そこに向かう」ことであるということには、なんの異論もないでしょう。それなら、それぞれの立場の中で、その理想をどう考えているのかについて、ここでそれを厳密に確認してみるのです。

ここであらためて繰り返しませんが、私の立場では、この文脈でのその理想とは、先ほどの①に書いた通りの社会ということになります。

一方、主流派のやっていることを見れば、この文脈での理想の社会を次のように考えているということになるのだと思います。

人間の本能やその歴史というものを振り返っても絶対に戦争がなくなるということはないのだから、そこははっきり、ありえないことだと決めつけることからすべてを考えようという社会。だから、きれいごとを言うことなく、各国がしっかり自国を防衛できるように軍備し、正しいことをするグループで結束し、そのときどきに反乱分子は戦争をすることによって抑えていこうという社会。そもそも、そういうことのできる自立した国というものが、当たり前の普通の国なのだから。次から次へと、新しく出現してくる反乱分子はパワーアップしてくるだろうから（それを制御し抑えていくのだとは言わせません。だって、人間の本能として戦争はずっと続くと、そこをあきらめてしまったのですから。また、それを科学の一分野だと考えれば人間のやることは必ず進歩していくものなのですから）、どんどん主流派グループも抑止力の増強を図っていくという社会。もちろんその結果として、また、私たちグループが正義の国々であるから当然そうであってよいという考え方をもって、コストと実損害と心理的被害において、できるだけ少なく負担を続けながらも、われわれグループの構成メンバーだけはなんとか安全でいられているという社会（ここでは、主流派の思っているだろう理想を予想したのですが、今後を考えれば「なんとか安全でいられる」ということ自体が難しいことになっていくと思います）。

主流派の人たちは、そういう社会を理想と考えているから、今の現実策なのでしょう。それなら、現状の進め方はよくわかります。ならば、ほんとうに考えている理想はこういうことなのだ、そこを目指しているのだと、はっきりと言うべきです。こういうことだから、自衛隊の存在を憲法に明記すべきだ、安保法制もかようにすべきだったのだ、と言うべきです。平和式典の場などで、われわれの目指している理想を口にしないでほしいのです。現実になされている策は、われわれの目指している理想に向かうというより、むしろ、はっきりと、そこに背いていこうとされているのですから。

私が目指す理想に向かうために必要な現実策が、どうしたら戦争をなくせるかという道徳的な事柄に尽きるのに対し、主流派が目指す理想のために必要なそれは、どうして国を守るかという国防論だけのはずです。主流派は、おそらく堂々と、それでいいではないかとおっしゃるのでしょうが、それでは世界平和に向かうことがないのです。国際平和を希求できていないと思うのです。

また、もし、そうではない、理想だけは君と同じだと言い、さらに、現実は、その理想から遠ざかる方向の策をとり続けているが、いつか世の中が落ち着いてきたら君の策をとらせてもらうつもりだ、と言う人がいたら、それこそ、その話は夢物語です。というより、理屈的に矛盾していて、それは夢物語にもなっていません。現実にやっていることが理想と逆方向なので、いっこうに世の中が落ち着いていかないからです。メディアや評論家なら、ここまでの言い方で、われわれはこのどちらの理想を目指すべきなのかと、国民にこの構造を解き明かして判断を求めるべきなのではないでしょうか。この整理ができていないから、戦争に関するどの論争も、本質的にかみ合わないのだと思います。

心にもない理想を台詞にだけ交えながら、平気で現実論を進めていく政治家たちが、また、そこをずばり指摘しないで、核心から外れたところの解説をするだけのメディアや評論家たちが、私には偽善者にしか見えないのです。そして、矛盾に気づかず、スカッとする力強い言葉とともに耳触りの良い理想まで聞けたと満足している国民に対しても……。私だけが、このことに関して異常に鋭敏すぎるのでしょうか？

「この現実の国難にも、相変わらず理想ばかりを言う人たちのことは放っておきましょう。北は、話もできない、どうしようもないひどい奴なのですよ。それで、私たちは、みなさんのことをなんとしてでも守っていこうと思っているのですよ。この路線を変えていいとでも言うのですか？」は、とても不安な気持ちでいる私たちには、とても優しく、とてもありがたい台詞に聞こえます。が、その実体はというと、悪いようにはしないから正義には目をつむっていろという、私たちに対する脅しでしかないのです。このことを私はこの節で示したかったのです。

「理想に向かって現実を考えていく」ということだけが、正しい議論の形なのでしょう。そして、その理想とはなんでしょう。まずは、そこをしっかりと整理すべきです。その後に、本質的で、かつ現実的な理屈で議論に挑むべきだと考えます。理想だ、現実だ、との話になって、文脈が横道にそれるようであれば、少々長くなってしまいましたが、この節のすべてを語ることによって返答し、話を本質のところに戻せばいいのだと思います。

B書店での販促企画

先に少しふれましたが、本書の書店での販促企画について二枚のカラーの書類をお付けしています。一枚目は、本書が、昨年八月の一か月間、B書店でB2版ポスター三十枚展示とPOP付きで平積み販売されたのですが、そのときの実際の様子の写真です。二枚目は、そのポスターやPOPの当初の原案をもとにつくった紹介紙です。POPの文章には思いを込めています。

しかし、一枚目の写真を見ていただければわかるように、書店様からポスターとPOPの原案の内容が却下され、当初のものとは違う内容のものが展示されることになってしまいました。

B書店様には、このような機会をいただき、感謝の気持ちこそあれ、けっしてなんの不平不満を言うものでもありません。もちろん、言論の自由などということを言って、このことに闘いを挑もうなどという気はいっさいございません。

しかし、このようなことが、刺激的すぎる、クレームが入るかもしれない、中立を守らなくてはならない書店広告には許されないなどという、この日本中にあふれてい常識、空気感が、本件での、正しい議論が行われない、まさに、本質的な問題ではないかと思うのです。そこを正そうと、本書は訴えているのです。そういうことだから、今の日本は「草莽崛起」によって（国民の声を結集して）、「力による平和」から「道徳による平和」に変えられない国になってしまっているのです。そういうことだから、抑止力による平和はありえないとか、大国が国益を言いすぎるべきではないとか、さらには、戦争を絶対にしてはならないなどという、当たり前の常識をだれもが、なにかの圧力を感じて、この議論の中で発言しないのです。

心を込めた原案のPOPの文章のどこが過激で反社会的だと言われるのでしょう。右だとか左だとか、護憲だとか改憲だとか、また、過激で反体制的だとかガチガチの保守だとか、私はけっして、そこの白黒をつけようなどと言っているのではありません。私にとっては、それらはどちらでもよく（そもそも、それらの政治的信条を十分に理解できていませんし、また、それらのことにまったく興味がありません）、みなさんの方でそれぞれのお立場でそのテーマで議論をしていてくだされぱいいのです。私は、ただ戦争はいけないから、そこ一本だけはどうしても絶対に正しいことだと思うから、みなさんで一致しませんかと呼びかけているだけなのです。

また、サブタイトルの吉田松陰の魂という言葉も大々的にアピールするにはふさわしくないものだと除かれてしまいました。これも、本書に書いたように、吉田松陰を外憂の志士として国防危機意識高揚に利用しようと思っていらっしゃる方々が、その真逆の武装放棄や平和の話に絡められていることをおもしろく思わないということ以外には、なんの問題もないでしょう。右左の話でなく、ただ吉田松陰の至誠に学びませんかと、使っているだけなのですから。

本を読んでいただければ、もちろんすべてはわかっていただけるのですが、だから、多くの方々にこの本を読んでいただこうと、その気になっていただこうと、その中に書いた正しいことを印象的に伝えようと、ポスターやPOPを考えたのですが、それが叶わなかったのです。読んでもらわないとなにも始まらないからと、このPRに気持ちを込めて頑張ったというのに。

だから、とても分厚くてどうすることもできない大きな壁ではありますが、A様のお力で、ぜひともこの壁をぶち破っていただきたいのです。B書店の一か月の来店者数は約四十万人にのぼると聞いています。そのおひとりおひとりに、刺激的に心に突き刺そうとしていたのに叶わなかったこの思いを、ぜひともA様に、どのような形であってもかまいませんので、ひとりでも多くの国民の心に届くよう、お力になっていただきたいのです。

平和に関してメディアに期待するもの

A様がMCをされています例の番組は、最後に、とにかく家族や友人たちと、まずは話していきましょう、また、自分たちのこととして考えていきましょう、とまとめられていました。しかし、戦争特番などで語られる、過去を見つめ直し、しっかり反省し、二度とこのような惨禍が起きないよう努めていきましょう、などの言葉とともに、このような啓蒙するだけの言葉は、もう、これ以上不要なのではないでしょうか。

先に少しふれましたが、どんな経緯で戦争になったのか、それぞれの立場の人々がどう考えて戦争になったのか、あの事件の真相、実態はどうであったのか、また、天皇の責任がどうかなどなど、それらを考えることはどうでもいいことなのでした。今までの七十三年間、こういうメディアからの呼びかけや問題提起で、世の中がいったいどれだけ平和に進めたというのでしょう。

現実をよく見てください。このように戦争がほんとうに近くで起きるかもしれないという状況なのに、また、七十三年間、反戦テーマのさまざまな作品を通して、このような平和へのメッセージを繰り返し耳にしてきたはずだというのに、その結果として、相変わらず、ほとんどの国民は、平和に対し逆方向となる、アメリカの戦闘準備万端状況を否定しない現政権の行動になんの非難をしようともしないのです。

今、われわれ国民はどうすべきなのか、どうして戦争をさせないようにするのかを、悠長に各家庭それぞれに任せるのではなく、どこかのステージで、具体的に、ほんとうに正しいことである「絶対に戦争をしない」を主題として、徹底的に議論すべきときなのではないでしょうか。そして、その正しい意見を集約して、国を動かしている人々に伝えなければならないという段階にまできているのではないでしょうか。

先に見たように、政治家は平和行事でのスピーチなどで、理想としての正しい言葉を並べてくださいます。が、やることとなれば、理想そのものを現実的でないと否定してしまって、誤っているとしか言いようのない現実策を進めようとするだけなのです。メディアも、番組づくりのコンセプトや番組中の言葉だけで平和を語っているだけでは、それと同じことになるのではないでしょうか。一歩進めて、現実にこの世の中が平和に向かうようなムーブメントを起こすための企画を実現させるときなのではないでしょうか。それは、直接的に平和を語り尽くすような番組なのではないのでしょうか。

A様の番組で先日の放送の続編をやられてはいかがでしょう。でも、サブタイトルは「この国難に、国際社会とどう連携していくのか、どう国防を考えるのか」ではなく、「戦争を本気でなくすためには」か「国際平和を希求するために、われわれがなすべきことは」でお願いします。

偉そうなことを言い続けてきましたが、前者のタイトルで番組が始まり、首相か防衛大臣クラスに冒頭から時論をとうとうと語られてしまえば、もし、私も出演させていただいていたとしても、正直、反論し、勝てるという自信がないからです。「この国難に寝ぼけたことを言うな。私には、国民を守る責任があるのだ」と迫られたら、もちろん、自説で精一杯対抗しますが、前提条件になっている今の国民のマインドの中では、けっして成果を上げられることはないだろうと思うのです。

しかし、後者のふたつのうちのどちらかがそのタイトルになっていたら、冒頭から、真正面から、堂々と正論を唱え続けることで、必ずや番組の狙いを果たせられるものと思います。

今まで、いくら平和や戦争をテーマに番組をつくっても、いっこうに世界が平和に向かわず、国際平和を希求する、ことをなしえなかったのは、番組づくりのテーマそのものに、道徳のど真ん中をもってこなかったからではないかと思うのです。

過去から学ぶべきは、先人の「戦争はひどいものだ。絶対にやってはならぬ」との言葉だけです。反省すべきは、ただ一点、戦争をしたということだけでいいはずなのです。そう考えれば、本質的で、直接的な、とぎすまされた議論となり、「しかたがない」を乗り越えて、戦争のない平和な社会を目指すことができる番組になると思うのです。

それなら、直接的に、私の本で私の意見を国民の皆さんに問うていただくというのはどうでしょう。間違っているところや勘違いしているところがいくつかあるかもしれませんが、本質的には、おそらく正しいものであると思いますから、ぜひとも、この意見を国民的議論にして、完成させたいと思っているのです。そして、ほんとうに、この正論に主流派の方々がどう反撃してくださるのかということを、聞かせていただきたいものだと思っているのです。

アメリカへの対峙と日本の安全保障のタブー

私たちがしていることと言えば、それは、ただ、うまい具合に友達であり続けられている世界一強い国アメリカを逃すまいと、ひたすらしがみついているだけということでしかありません。少々疑問を感じていたとしても、安全保障に関しての本質のところでアメリカに文句を言うことや、まして、それを覆すようなことはありえないと、決めつけているようにも思います。それで、アメリカの力を借りて、世界での発言力を高め、アメリカファーストを助け、ジャパンセカンドでも狙っているのだとしたら、それはあまりにも志が低すぎます。正しいことをやり遂げるために、そう行うのなら、まだそれは要領がいい振る舞いだとほめられるのかもしれませんが、この場合は、悪いことをしようとしている、やんちゃなリーダーに、手下が機嫌を取りながらついて行っているということでしかないように思うのです。

ドナルド・シンゾーの蜜月の関係を、国民は喜んでいる場合ではないのだろうと思います。北朝鮮問題に毅然とした態度をとり、アメリカと親密に付き合えることで内閣支持率が上がってしまうという国民のマインドをどうしても変えなければならないと、私は焦っているのです。

世界を平和にして、もちろん日本人も含めて、みんなが安心できるようにと、本気で考えている人はいないのでしょうか。

国民の恐怖と怒りの感情にうまく訴えたり、理想と現実という言葉をうまく利用したりして、為政者は、なんとか、戦争をしてはならないという正しいことに「しかたがない」と目をつむろうとしています。

そこに踏み込むことはタブーなのですか？

北朝鮮の前に、まずは、アメリカに正しいことを教えてあげましょう、はタブーなのですか？

ＮＨＫ幕末作品と、平和への呼びかけ、平和への草莽崛起

サブタイトルにありますように、本書では、吉田松陰の考え方を絡めています。ということもあって、何度も繰り返し見ていますが、あらためて、Ａ様にこの文章を送るにあたり、ＮＨＫで二〇〇一年正月に放送された『蒼天の夢』を見直しました。番組であれだけ『花燃ゆ』にも感動されていたＡ様ですから、おそらくご覧になられたのではと思いましたので。

「だれもが善人であるのだから、ひとりひとりに正しいことを熱心に呼びかけさえすれば、きっと、世の中は良い方向に変えられる」と松陰先生は高杉に語っておられました。そして、もし、それがうまく進まないのだとしたら、それは、その呼びかけの力が足りないからなのだと、さらに自らを戒め、奮い立て、とまでおっしゃっていました。そして、草莽崛起を実現させるのだと。

『蒼天の夢』を見直し、このシーンに背中を押してもらいながら、A様にこの文章を書いています。

多くの良識ある日本人が本書に書いた私の意見のもとに集まることを信じます。そして、痛烈に草莽崛起ならんことを願っています。

私が、今、当面目指しているのは「世界を平和にするために、1．精一杯理屈を考え、2．それを本にまとめ出版し、3．多くの方に読んでいただき、4．国民の声を正論でまとめあげて、まずは日本を平和への流れへと急転回させる」ということです。

3での滞りを突破するために、もちろん、私自身が身の回りへの呼びかけの不足を反省しなければなりませんが、現最大の作戦は、世間に圧倒的な影響力をおもちのA様に、熱を集中させて強力に「呼びかける」ことなのです。支援をお願いすることなのです。まことに他力本願で情けないことなのですが、2まで果たしても、ほんとうに私ひとりの力だけでは、その先がまったく行き詰まってしまっているという状況なものですから。

私は、Ａさんのあの番組から、「国民自らが考え、戦争のない平和な社会というものを本気で目指していきましょう」との思いを強く感じています。

大河ドラマでは、『龍馬伝』で龍馬さんは、第一回放送の「憎しみからは、なんにも生まれん」の台詞通りに、その後の幕末を駆け抜けましたし、『八重の桜』で八重さんは、明治になって、かつて憎しみ合い、戦い合ったことの愚かさに気づきます。最終回の架空シーンでの新島八重さんは、今ならけっして銃を敵には向けぬと、だれにもあたらないよう空に向かって最後の一発を放つのでした。憎しみ合い、戦い合うことはよくないことだということなのでしょう。薩長も会津も、どちらも正義で、大義があったのでしょう。もちろん、今の世だから言えることにすぎませんが、ただ戦争だけが残念なことだったというしか、ないのでしょう。

もちろん『花燃ゆ』からは、幕末でなら当然だった「国防に目覚めよ。立ち上がれ」のほうではなく、「みんなで笑い、みんなで頑張れるような社会をつくろう」と、松陰先生、久坂、高杉、楫取素彦夫妻へと繋がった志のリレーにこそ、今の世に生かすべき至誠を見たのです。

執拗さの理由

なお、本書『これで世界は平和に向かう――吉田松陰の魂とともに日本の安全保障を考える――』は、まえがきの最後に「平成二十八年十二月」と記しましたように、その内容の大部分は三年前秋の安保法が成立した頃までの情勢について考えたもので、その後でも、安倍首相の真珠湾訪問までが対象となっています（トランプ大統領就任前ということです）。安保論争決着後、いったんこの話題が平静であった頃、どう平和へのムーブメントを起こすのか、その考え方の本質とは、について、普遍的な理屈を組み立てて、一本、筋を通して、一冊の本にまとめたものなのでした。

そういうことですから、当然ながら、北朝鮮問題をはじめとした、昨年からのさらなる国際情勢の激化に対してどう考えるのか、は書けておりません。また、出版後に、今の状況の中では、こう言ったほうが伝わりやすかったのでは、と思い付いたことも いくつかあって、そこで、新たに考えたことをいくつかの文章にし、小文集としてまとめたのです。

また、本や小文集やこの挨拶文の中で、同じ内容のことを、違う観点ではあるものの、繰り返しすぎなのではないかとのご指摘を受けるのかもしれません。

まず、この挨拶文につきましては、どうしても本を読んでいただきたいというお願いの文章ですので、当然ながら、本の内容をかなり抜き出して書いており、多くがだぶってしまっています。

また、本書内だけでも、同様の感覚をもたれてしまうのだと思います。本を書くとは、相手との対話ではないので、こちらから一方的に書ききって、どんな角度からの反論にも跳ね返せていなければならないと考えたからの結果なのですが、そんな言い訳では許していただけないでしょうか。

また、小文集は、ますます、切り口を替えての主張の繰り返しになっています。こちらの執拗さは、前作を出版しても世の中がいっこうに平和に動かず、また、だれにもわかってもらえないので、もしや、こう言い方を変えれば伝わるのではないかと、悶々としている中で心に浮かんだ思いを表現し続けた結果なのであって、なにがなんでも伝えたいという私の執念だと受け取っていただきたいのです。

そういうことですから、なにかの番組で本書を取り上げてもらえることにでもなれば、その中で発言されるどのような主流派の言い分に対しても、本や小文集のどこかに書いてあることを使って、必ず反証できるのだろうと思っています。

とても弱い生き物である私たち人間は、あらゆるとらえ方で、また、あらゆる言い方で、徹底的に、狂ったかのごとく「戦争は正しいものではないからやめにしよう」と繰り返し意識し続けない限り、夢であり、また、このままでは奇跡でしかない「世界平和」というものに向かっていくことなどありえません。そして、そのためには、そう考える人を、そう発言する人を、ひとりひとり増やしていくしかないのです。

私の本で「このように」考えられるという人が増え、ときには議論の、あるいは実活動の中で、そう実践し始めてくれさえすれば、その人たちが、私が本のどこかに書いた、とらえ方のどれかで、言い方のどれかで、ちまたの俗論をひとつひとつつぶしていき、いつかは、日本じゅうの空気を一変させられるのではないかと、考えたのです。

そこで、そうなるようにと、私は、あらゆるとらえ方で、あらゆる言い方で、くどすぎるとまで言われるくらいまでに「戦争は正しいものではないからやめにしよう」を、想定されるあらゆる場面に、あらゆる表現で、書き尽くしたのです。

そして、あらゆるとらえ方やあらゆる言い方の私の考えに、心から納得していただけた人でなら、みんなが当たり前にわかっている「戦争をしてはいけない」を、ついに、ほんとうに、現実としても行動や発言に結び付けられるのだということに、心の底から気づいていてくださったはずだと思うのです。

その執拗さで、結局どうしたいのか

ここまで語り尽くしても、まだ、こう言われることがあります。「でっ、結局、なにをどうしたいのだ」と。

それは、例えば、現実に起きているこの北朝鮮問題に対してはとなると、根本的な解決策として先ほどの①から②、③を日本が導いていきましょう、ということになり、また、それ以外には、なにもないと言いきれるのですが、でも、そのようなことを突然語ったとして、今この日本の議論の醸成具合の中で、いったいだれがまともに聞いてくれるというのでしょう。

それを聞いてもらい、議論の対象に引き上げるためには、今ちまたにあふれていて、みんなが信じている、私の意見を頭から打ち消してしまうような俗論の数々を、徹底的に、ひとつひとつつぶしていかなければならないと思うのです。そのために、今、言い訳したように、あらゆるとらえ方とあらゆる言い方で「戦争は正しいものではないからやめにしよう」を繰り返したのです。それらを、ひとつの理屈として組み上げ、一冊の本にまとめたのが本書で、さらに、この挨拶文や小文集でいくつかを補足しているのです。

本が大勢のみなさんに読まれ、あるいは、なにかのテレビ番組で解説されるかで、なんとか評判となり、それで正しい議論の土壌をつくりあげられれば、いよいよ北朝鮮問題に対しての「①から②、③を日本が導いていきましょう」という答えが、そこで初めて、みなさんの納得を得られることになると思ったのです。

だから、結局なにをしたいのかという、この節の冒頭の質問に対する答えは、安全保障に関するみんなの思考パターンを完全に変えてしまいたい、この日本を、たとえば北朝鮮問題に対してなら、みんなが①から②③をと考えるような空気感にしたい、です。あればいいとみんなが期待しているような、画期的で即効的な政策を提案し、今の北朝鮮問題を解決しようとしているのではありません（そのようなものはないでしょう）。なにをどうしたいのだ、に対する答えは、日本の人々を、世界の人々を、平和に向かう考え方に仕向けること、でしかないのです。それが、私が考えたこと、目指したことのすべてです。

そうなって初めて、いろいろな問題が、平和に向かって、現実的に解決していくと思うのです。世界中には、それぞれの道に通じるプロの方が大勢いらっしゃるのですから。そして、彼らは本来、みんな善人であるのですから。

もしかして、私が今回やっていることをもっとも苦々しく思う人たちとは、私とは違う意味での誠実さと気概をもって日本を引っ張っていらっしゃる主流派の方々というより、むしろ、君の言うようなことはすべてわかっていると、この問いに昔からどうしたらいいのかと悩みに悩み抜かれてきた方々のほうなのかもしれません。

前者の方々は、まったく聞く耳をもってくださらないのでしょう。だから、私は、国民による草莽崛起を目指したのでした。しかし、後者の方々は「軍備のない平和」と「力による平和」の間には越えがたいジレンマが存在していることなど、何者かもわからない私などに偉そうに言われるまでもなく、すべてをご存じなのでしょう。私より、はるかに高度な思考能力をもって、その分野で、そのご専門のお立場で、何百倍も考え続けてこられてきたのでしょう。

そのようなことまでも考えてはみましたが、でも、結局、なにをなすべきかのその答えに、「しかたがない」からと、奇をてらわずに、平凡に、できることを現実的にやっていこうという結論しか、どなたもが出されなかったということだけが、まさに現実なのではないでしょうか。そういう方々は、ここまでくどいくらいに、あらゆるジレンマの種にチャレンジし、軍備のない平和を理想として目指すということを繰り返し表出した、私のこの提案をどう思われるのでしょう。

世界平和をいよいよ本気で目指すというのであれば、ここまでの繰り返し、くどさ、熱、あるいは狂気とでもいうようなものが必要なのではないでしょうか。これ以外に、人類のこの苦悶を突破する方法があるのでしょうか。

さらなるお願いとお詫び

やってやりましょう。今こそ草莽崛起のときです。世の中はこんなことになってしまっているのです。トップをはじめ、大勢の日本人が「しかたがない」と思い始めているのです。

われわれ日本人が、アメリカに物言い、世界に対して平和へのリーダーシップをとっていこうと、大勢の良識ある人が発言し、具体的に世論を形成するべきときではないでしょうか。それを本気で目指そうという番組になら、本書は必ずお役にたてると思うのです。

そういうことですからといくら言っても、常識はずれの傲慢さや息苦しさや押しつけがましさがけっして許されることではないと思っていますが、過日の番組が国民に求めていたものに対して忠実に応える形であれば、少々の失礼はご容赦いただけるのではないかと思い、ここまで書き続けてまいりました。最後になりましたが、それでも行きすぎのところは多々あったに違いなく、ここに深くお詫び申し上げます。

今までに献本させていただいた中で、公的な立場にいらっしゃる方々を以下にご紹介させていただきます。この中に、A様が信頼されている親しい方がいらっしゃって、もし、ご相談いただくことにでもなれば、なにかが起こるかもしれず、とてもありがたいと思ったからです。（中略）

先ほど、日本のリーダーにはノーベル平和賞くらいを目指してほしいものだと書きました。

思い上がった言い方でとても恥ずかしいのですが、最後の最後に、さらに大変失礼なことを申し上げます。

もし、この本を書いたということで私がノーベル平和賞を受賞したとして、このようにA様に本書の応援をお願いしているとしたら、どう対処されるでしょう。想像だけでもしてみてください。

少しはノーベル平和賞という響きにハッとされ、同時にここまで読んだ内容を思い起こし、それで、この考え方は、ほんとうに、しっかり取り上げて、みんなで議論しなければならないのではないかと、あらためて意識が強まりませんでしたでしょうか。そうなら大変うれしいのですが。

A様は、ご自身に対してもとても正直であられる方だと思っておりますので、おそらく、賛同できないとお感じになられていた場合には、無視を決め込むなど、けっして心にもない賛辞をお示しされることはないはずです。

逆に、応援しようと思っていただけた場合は、少しは、ノーベル平和賞との言葉に後押しされたのだとは思いますが、おそらく、自然に、そう感じていただけたということなのでしょう。この場合は、ほんとうにこんなことが現実のものにできたら、私ではなくても、日本人のだれかがノーベル平和賞を取るかもしれないということをイメージしていただけたのだと思うのです。

少々ずるいやり方だったかもしれませんが、なんとか、A様の心の中に、確実に、この本を応援したいとの思いが芽生えてくれないものかと考えて、最後にさらなるインパクトはないかと考えて、このくだりを書きました。

もちろん、そんなことはありうる話ではなく、私は、ほんとうに、日本のリーダーこそにノーベル平和賞を取ってもらいたいと思っています。

しかし、それにしましても、ここまでに加えてさらにこの先も、暑苦しい文体での私の思いにお付き合いいただくことになりますことを、あらかじめ、ここにお詫びさせていただきます。

大変お忙しくされているようですし、（中略）くれぐれもご自愛くださいますようお願い申し上げます。
略儀ながら、書中をもちましてご挨拶まで。
どうか、この思いがA様に届きますように。

敬具

Ⅱ　小文集

執筆背景、執筆動機とそもそもの著述の思い

北朝鮮やアメリカの姿勢、行動に国際緊張度が一段と高まっている。

この状況を冷静に見てみよう。今、われわれが進んでいる道が、実は間違っていたということなのではないか。世界平和からは遠ざかっていくばかりということなのではないか。

日本がほんとうに安全なところに向かうよう、それだけでなく、世界がほんとうに平和に向かうよう、かつて吉田松陰が示した至誠の心をもって日本人が本気で戦争をなくそうと考えるようになるためにはどうすればいいか、を考えた。

内容は、当たり前の常識的な道徳が核心であることにすぎないかもしれないが、少なくとも、平和ボケだとか、夢物語にすぎないだとか、とはけっして言われることがないよう、現実に実践しうる、道理にしっかりと合ったものを目指して書いたつもりである。

また、たしかに武力行使より対話をとの声はあるが、はっきりと、北朝鮮にも、同時にアメリカにも、戦争をしてはいけないと正面から説得してみようと発言されることはない。本書のような、まっすぐに正論を吐きだす主張は、今までだれからも語られなかったのではないか。そういうやり方でしか、絶対に根本的な解決に向かわないというのに、だ。

現実に進められている「力による平和」ではなく「道徳による平和」を目指すべきだろうと、大勢の市井の日本人に呼びかけるように本書を書いた。多くの方々に読まれ、賛同いただき、国民の声をひとつにすることができれば、やがてそれは国を動かす人たちの心に届き、日本は変われるのではないかと思う。世の中がこうにまでなっても、政治家もメディアも知識人たちもだれひとりとしてこの正論を言わないのであれば、私が本にし、共感してくださる一般国民による草莽崛起しかないと考えたのである。

著者プロフィール

一九五九年、大阪市生まれ。大阪府立天王寺高校（野球部ＯＢ）、大阪大学工学部建築工学科卒。一九八一年、大成建設㈱に入社。主に都内の大型建設現場で施工管理業務に従事。二〇一六年より東京不動産管理㈱。現在、取締役技術本部長。一九九二年よりさいたま市に在住。

技術士（衛生工学部門・総合技術監理部門）、一級建築士、設備設計一級建築士、建築設備士、一級施工管理技士（建築工事・管工事・電気工事）、監理技術者、電気主任技術者（第三種）、消防設備士（甲種一・四類）、空衛学会設備士（空調・衛生）、珠算初段ほか。

私は、このように、これまでエンジニアという仕事一筋に邁進してきた人間です。典型的な理系人間で、政治というものに関心がなく、右だとか左だとかということにも、まったく興味が湧かないという人間なのでした。今もなにも変わっていません。ただ、戦争というものだけは大嫌いで、絶対に許してはならないと、また、勇ましくなる一方の最近の急激な日本人の意識の変化に対して、このままではいけないのではないかと強く考えているという人間なのです。ほとんどが文系の方ではないか、と思うのですが、どうして世の中の著名な文化人と呼ばれる方々がこのような意見を発してくださらないのだろうと、不思議でならないのです。

吉田松陰をはじめとして七百人の志士を敬愛する、幕末維新狂。大阪人魂を胸に、阪神タイガース狂。虎党と同じ臭いがするPRIDE OF URAWA、浦和レッズ狂。

私は、それぞれに対して「狂」とまで書かせていただいたのですから、全国各地どこであっても幕末維新史跡を可能な限り調べ上げてその場に立ってみることや、幕末関連テレビ番組を残らずチェックすることなどの努力を惜しむことはありませんし、また、なんとか黄色と赤のチームを勝たせようと、自分に許される時間の限り、全試合、全プレーに対して、祈りを怠ることもありません。

また、言うまでもないことですが、一会社人として、私のエネルギーの最大のかけどころは会社業績の向上に他なりません。

それは、そうでなければ、仕事に関わるすべての人たちや、タイガースとレッズを応援している人たちに顔向けができないと思っているからなのです。

私にとっては、会社での活動のひとつひとつこそが、なによりの現実社会への貢献だと思っていますし、阪神タイガースファンと浦和レッズサポーターという「日本一の熱狂する人たち」とは、命を削ってまで、鳥谷の一本のヒット、西川のファインセーブを念じ続ける人種であるからなのです。

また、幕末維新狂としましては、七百人の志士へのリスペクト、熱き想いというものをバックボーンにして、日々、行動をしているつもりです。

そんな私ではありますが、戦争、抑止力、力による平和、というものをけっして悪いことだと発言も認知もされないままに進んでしまう、すべての安全保障の議論、また、それが当たり前で通るこの世の中に、黙っているわけにはいきませんでした。それで、二冊の本を書きました。これを書かないことには、これまで幕末維新史やそれぞれの志士たちの生き方から学んだことをいったいなにに活かすつもりだったのだ、とまで思いつめて、です。それは、今までがこうであったからだとか、時の権力者や世の中の主流の考え方がこうであるからだとか、に恐れをなすことなく、当時としてはこうしていくことが正しいことなのだろうと精一杯考え、世の中の常識の転覆をやり遂げた、時代、人たちのことを心から尊敬し、少しでも私もそうありたいと、常に目標にさせていただいているから、なのです。

願わくは、早々にも、良識とともに、一般大衆への多大な影響力をおもちの著名人のどなたかに、この思いが届き、この考え方が引き継がれていくことにならないかと、期待していますが、それは、人にはそれぞれ役割があるものですし、また、私にとっては、世界平和などという大それたことよりも、明日の、我が社の一円の利益、阪神の一勝の方がよほど大事なことであるからなのです。

内容要約

戦争は正しいものではない。

だから、我が国の安全保障については、

1. 現実の状況はこのようであるとすべてを認めるものの、これから始めることは、一ミリずつでいいので、必ず世界平和に向かっていくようなこととしよう

2. 国際的ないかなる場面でも、常に戦争を否定し、世界平和を実現させようと愚直に主張し続けよう

という二策を国の方針にすべきと考える。

北朝鮮に対し、核実験をするなと核の抑止力で威嚇すること、戦争をするなと戦争をすることで抑えつけようとすること、がそもそもの誤りなのだろう。

この問題の解決のためには、まずは、彼らの言い分をよく聞いてやり、また、彼らが反発している、平気で武力行使を行い、核を保有するという、そのような点においてだけでは明らかに誤った国であるアメリカにも一言注意してやることが必要になるのだろう。

現実に、世界はかくあるような恐ろしい事態になってしまっている。それを根本的に打破するためには、日本人は、世界の普通の国と同じことをするのではなく、リーダーシップをとって、世界平和への流れをつくっていく存在でなくてはならないはずである。子供たちを戦争に巻き込んでしまうような国にしてはならないなどと自国の平和だけを言う前に、世界から戦争をなくすことこそに全力を注ぐべきだろう。国同士がそれぞれの軍事力で物事を解決していくのではなく、公的な抑止力というものを考えていくべきなのだろう。すべての核兵器を含む軍備が国連保有ということになればいい。

国益を最優先することや、抑止力に我が身の安全を頼ることや、憲法九条に必要以上依存することなど、現在の主流派の方々の意見も、一方それに反対している方々の意見も、事この安全保障というテーマの議論においては、世界平和を目指すということに対しては、ほとんどが本質から外れたものになっていると思う。本書では、両陣営ともに対して、安保論争そのものや過去の周辺の議論を含めてその理屈をことごとく否定し、まったく新しい安全保障の議論の仕組みと理屈を提案した。

けっして感情論に走ることなく、また、不毛な過去の振り返りを繰り返すのでもなく、ひたすら戦争をしたという事実ただ一点だけを反省し、戦争というものをなくすためにどうすべきかを、徹底的に、思想的に、追求すべきであるのだろうと考えた。

まずは、日本だけでも方向変換をなし、一ミリずつでいいので世界平和というその理想へと向かい始めること。すなわち、日本が、戦争は正しいものではないという絶対的正義を大原則として行動する国となり、そう姿勢を正した上で、世界中に、道徳的に、まっすぐに正論を説き聞かせていくこと。ただし、けっして事を焦ることなく、すべての現実のこの世界の有り様というものを尊重し、世界平和というゴールまでには莫大な時間がかかるということを覚悟すること。そして、自衛戦争も含めて戦争は絶対に認めてはならないのだから、やられてもけっしてやり返してはならぬという思いを世界中のだれもが当たり前に考えているというそのとき（そのときこそが、戦争がなくなる世界平和実現のときである）を目指して、日本人から世界中に、戦争を絶対にしないという正義を実践する人たちの輪を広げていくこと。

以上を実現させるためには、吉田松陰の至誠と狂気がなによりの支柱になるのではないかと考えた。吉田松陰の言動のひとつひとつは、さまざまな私の意見の正しさを示してくださっているように思う。逆に、現在の日本での対外的緊張とそれゆえの国防意識高揚に結びつけようと、愛国者で国家的危機における外憂の志士であるとのほうから吉田松陰を考え、利用しようとしている人たちがいるとしたら、それが大間違いであるということも示そうと考えた。

内容的には当たり前の常識にすぎないことばかりではあるが、日本人が本気で戦争をなくそうと考え始める契機になるよう、可能な限り論理的にすじみちを通して書き上げたつもりである。

本書が火をつけ、ふたたび、日本の安全保障のあるべき姿について国中が議論沸騰となり、本書が描くプロセスで正義が大勝利をおさめ、その結果として日本が世界平和への流れをつけること。すなわち、我が国が冒頭の二策を国是とすることとなり、世の中が、どんなにゆるやかな動きであっても、確実に平和に向かって歩み出し始めるということが切なる願いである。

日本がそう進んでいくよう、われわれ一般国民が目覚め、草莽崛起による回天が実現することが願いなのである。

本書が多くの方々に読まれ、評判となり、賛同の声がたくさん寄せられ、その結果、日本が動き、世界が動くということが願いなのである。

アメリカも中国も、もちろん北朝鮮も、そして日本も、こんなことをしていたら一ミリたりとも解決には向かわない！　―北朝鮮問題の本質とは―

力による平和ってなんだろう。

それはどこを目指しているのだろう。

残念ながら、それでは、一ミリたりともけっして平和に向かうことはないのだろうと思う。

隣国の問題において、今やっていることで獲得できることと言えば、北朝鮮がアメリカの先制攻撃あるいは抑止力に恐れをなして、当面、静かになるということだけだろう。北朝鮮が心からこれではいけないと反省して、その態度を変えるということにならない限り、軍事的脅威、国際的緊張度というものは増すばかりということなのではないだろうか。

皮肉にも、我々の安全を追及しているという現状のすべての行為が、逆に、日本の戦争による被害リスクを増大させているだけのように思う。

核の威力を振りかざして、制裁と脅し以外の対話をしようとしない、大義さえあれば武力行使を当然の正義と考えているような、常に自国の軍事的勢力拡大を狙っている者たちが、自分のことを棚に上げておいて、それでいくら核実験をするな、世界の安全を破壊するなと言っても、北朝鮮が心から反省することはないだろう。アメリカがなにを言っても、中国がなにを注意しても、北朝鮮が軍備することは悪いことだと心を入れ替えてくれるとは思えないのだ。

また、もし、抑止力と経済制裁が効いて、それで北朝鮮が参ったをして、一時の平安を迎えられたとしても、彼らの不満であるアメリカが現状のような核戦略、力の平和戦略を続けている限り、彼らは心から改心しないのだから、いつでも事態は戻ってしまうのだと思う。

また、たとえ北朝鮮でなくても、どこかで、いつまでたっても、戦争という手段で反逆しようとする者があとを絶たないのだろうと思う。

そして、私たち主流派グループは「力による平和」の実効性とありがたみを確信することとなり、悪の連鎖がさらに進み、世界平和からは一段と遠ざかってしまうばかりなのである。


戦争をするなと、戦争をすることで抑えつけようとしていることの矛盾に、どうしてだれもが気づかぬふりをし続けるのか。

武力行使の前に対話が大切だと発言する人は大勢いるが、どうしてだれも戦争は絶対に認めるわけにはいかない、アメリカの武力行使を支持してはならないとの言い方をしないのか。野党も評論家もメディアも含めて、どうしてそうストレートに正しいことを言わないのか。

そして、どうしてだれも、人間として当たり前の道徳行為であるはずの、本気で戦争をなくそうとの熱い思いをもつことができないのだろうか。

日本は危機意識が足りないだとか、いよいよのときの備えがなっていないだとかという、そんな後ろ向きのことにあらためて大騒ぎをする前に、日本ならできるかもしれない、この問題の根本的解決を目指すべきであろう。

日本が姿勢を正し、正しい振る舞いを行う国になって、北朝鮮には真正面から、戦争は正しいものではないとの正論を言って聞かせるべきである。もちろん、同時に、彼らの言い分をよく聞いてやるべきである。そして、君たちも間違っていると、同盟国や隣の大国たちにもはっきりと言って聞かせるべきである。

日本がこの態度をとって、この思いが北朝鮮に少しでも通じれば、根本的解決自体は相当先のことになるとしても、絶対に、日本がミサイルを撃ち込まれることはないのだろうと思う。もちろん、日本の安全だけでなく、この行為こそが、唯一の世界を平和に導く策なのだと思う。

拉致問題についても、少なくとも、アメリカ大統領になにかを発言してもらうことよりは、解決に近づく方法であると思う。

出版後の今、心から望んでいること――著名人やメディアの方々にぜひともお願いしたいこと――

正論かどうかはともかく、突然、一般人の分際で世界平和などという大きなことを言い出して、いったい、これからなにをどうしたいのかと、不思議に思われているのかもしれません。

私は、政治家でもありませんし、国に影響を与えることが可能なメディア関係者や評論家という立場の人間でもありません。ですから私は、ただ、みなさんはおそらく間違っていて、実は、正しいこととはこのようなことであるのだと、この本を書くことで私の考えをお伝えしたいだけなのです。みなさんに考え直してくださるよう訴えかけさせていただいているだけなのです。私のやれること、やるべきこととは、そこまでだけなのだと思っています。

ですが、今後、次のように展開していけばいいだろうと期待していることはありません。すべてが他力本願ということになってしまうのですが。

それは、国内が三年前の安保論争以上の盛り上がりで沸騰し、その結果、日本が世界平和に向けて大きく舵を切り返すことになるということです。

本文に繰り返したように、本書は具体的な法案や政策の提案をしているのではありません。ただ、国民の声が「戦争は正しいものではないという大原則に基づく正論」一本にまとまり、国を動かす人たちの心に届き、日本を、憲法にすでに厳然とある「国際平和を希求する」という平和主義を忠実に実践する国に変身させ、そして、ついには世界を平和に向かわせるということだけを期待しているのです。

平和主義を忠実に実践する国になるとはどういうことなのでしょうか。

当面の結果として目指すところは、そもそも我が国の安全保障の国是の宣言の仕方というものがよくわかりませんが、たとえば、政府が閣議決定をして、この「正しいこと」である本書で言うところの行動指針を、骨太の方針に加えていただければそれでいいだけなのでしょう。しいて言えば、そこが、私が期待するひとつの到達すべき政治的な目標ということになるのでしょうし、今の世の中で、たったひとつ、それさえ実現させられれば、それですべてを変えられるはずだと思うのです。なんといっても、国民の声がまとまって、それが政治家に届いてそのような行動指針宣言になるということなのですから。

「国際平和を希求する」という文言は、すでに憲法にしっかりとあるのですから、なにも今すぐに新しい法律や政策を考えたりする必要はありません。ただ、ほんとうに、かたくなに、愚直に、妥協なく、その平和主義を実践していきましょうと、国中で、「正しいやり方、行動方針を「正しく」」し、為政者や国民のだれもがそれぞれの立場で「正しく」振る舞っていくということだけでいいのです。劇的に日本人は考え方を変える必要がありますが、その結果、日本は劇的に変われると思うのです。やはり、今やるべき政治的アクションは、骨太の方針にこの正義を加えること、だけでいいのです。

このように進むことが本書を書いた私が今考えているこれからの強い願いです。私の希望です。ほんとうに正しいことを書けたと思っていますから、本書になにかのきっかけさえ与えてくだされば、そうなることは、さほど難しいことではないのだろうとも思っています。

嵐のような議論白熱の日本になるのでしょうが、正義が勝ち切ったあとは、「よく考えれば当たり前のことだったね」と、一気にひっくり返った常識で日本は落ち着いてしまうのかもしれません。それほどすごいことでもないのかもしれません。とても簡単な意識改革だったと、そう、振り返られるくらいでいいのだと思います。

いずれにせよ、このように世の中が変わるためには、初版千部の発行で重版されることすら確約されていない本書ではありますが、とにかく多くの方々に読んでいただき、まずはこの考えに気づいていただかなければならないのだと思っています。

一介の技術者で会社経営者としての肩書しかない私の書いたことが、本書を出版するというところまでは叶いましたが、全国のみなさんの心に届かせるためには、メディアや著名人のお力がなければ、かなり難しいことなのだろうと思っています。

もちろん、私の書いたことがほんとうに「正しいこと」であるとお認めいただけることが大前提ではありますが、その際には、どうか、国民全体の議論再沸騰の醸成と、日本が平和主義実践の国になることへご尽力いただきたいのです。

ほんとうに、本が売れようが売れまいが、そこはどうでもいいですし、私自身、政治家や評論家になることが目的ではありませんから、私自身の扱いはどうでもいいのですが、なんとか、本書の内容を、みなさまの賛意を添えて、多くの方々にご紹介いただくというところまでは、ぜひともお願いしたいのです。本書は、日本の安全保障の行き詰まりを打破しうる正しいもので、みんなで一緒に考えようと、テレビや新聞・雑誌の特番や特集にして、取り上げていただくわけにはいかないでしょうか。もちろん、ストレートに、賛同すると本書をPRしていただければ、それだけでなによりでございます。

とにかく、この考えをみなさんに伝え、一緒に考えていただき、その結果を国民の声であると集約させ、世の中を進めていらっしゃる方々に影響を与えられる程度のものに、どうしてもしたいのです。ただ、それだけを願うのです。

このまま、稚拙な本書の力だけでは、世の中になんの影響も与えられないのかもしれません。百年後か、千年後か、そこはよくわかりませんが、ついに世界平和が達成されたそのときに、こういう意見が過去にあったと言ってもらえるかもしれないと考えるだけで、本書を書き上げたことに私は十分に満足できるのですが、もし、大変危なっかしい情勢の今まさに、本気で、我が身の安全、そして世界平和を目指そうよ、ということになるのであれば、また、この袋小路の状態をなにかを頼りに打開しようというのであれば、まさに今、本書をもとにみなさんに考えていただく機会が広がればいいのにと、心からそう思っているのです。

我が国の安全保障における私の意見（正義派）と安倍政権が主導する現在進行中の実態（俗論派）との比較

＊「正義派」「俗論派」については、本文まえがきをご参照ください。

まず、最終的に目指すべき絶対に譲れないことというものが違っている。正義派が「絶対に人間同士が殺し合う戦争をだれもしてはならない」であるのに対し、俗論派のほうは「美しい国、独立自主国家であるすばらしい我が日本を、そして日本人を、絶対に守らなければならない」なのだと思う。

そのために、俗論派は、やむをえず、ときには戦争が（抑止力が）必要だといい、正義派の絶対に譲れないことを理想にすぎないと棚に上げてしまうが、一方、正義派は、自らの絶対に譲れないことを第一優先とし、当然ながら、その結果として俗論派の絶対に譲れないことまでをも実現させようと言うのである。

また、俗論派は、彼らの絶対に譲れないことを守り通すためにも、アメリカの言う

「力による平和」に賛成しており、それでは結局、世界が平和に向かうことがない。一方、正義派は、「道徳による平和」で世界平和に向かうことこそが、絶対に譲れない第一義だとするのである。

また、俗論派は、国を守るために国防意識をもとうと国民を煽り、国際連携のためにやるべきことをやり、自主独立の普通の国であるべきだと言うが、正義派は、やられてもやり返すのではなく、自衛戦争も認められないような世の中を目指すべきだと言う。理想は遠いところにあるかもしれないが、歯を食いしばってでもそこを目指さない限り、憎しみの増長によって世界平和からは遠ざかるばかりだと言うのである。

すなわち、俗論派が、いつかは世界平和を実現したいと言っておきながら、また、八月の平和記念式典や戦没者追悼式で核廃絶や平和主義を宣言しておきながら、いっこうに、本気で、熱く、そこに向かおうとしないのに対し、正義派は、本気で、今すぐにでも世界平和へ向かって流れを変えていこうというのである。

俗論派のやり方では、理想を棚に上げたままで永久にそこに向かうことはないが、正義派は、百年今のままでもいいと現状の世界の有り様を尊重しつつも、理想を目指することだけはあきらめず、だから、今後は世界中で理想に逆行することだけはせず、一ミリずつでいいので、必ず、理想に向かうことだけをするように心がけよう、と言うのだ。ここが決定的で本質的な両者の違いである。

残念ながら国民は、アメリカの横暴には寛容を示すも北朝鮮にだけ一方的に怒り、なんでも反対の平和ボケだと安保反対を言う人たちに疑問をもち、懸命に国を守ってくださる自衛隊の方々が違憲の存在と言われていいわけがないと納得し、核廃絶など夢にすぎないのだからそんなことよりまずは現実的な国防策のほうだと、そちらにもっぱらの関心を示し、すなわち最終的には俗論派の主張を認めるしかないかと、世の中の本流になびこうとしているように見える。とても心配な状況だ。

ここに示した正義派と俗論派の比較をじっくり見て、考え直していただきたいと思う。そして、本書を読んで、考えあらためていただきたいと思う。

俗論派は、日本が美しい国、誇らしい国であると言いながら、そしてそれを理由にして目先の危険回避だけを訴え（実は、目先も危ういことで、着実に危険度は増し続けているように思うが）、国民に対して絶対的正義をどこかに隠しているのである。

おそらく数百年後には正義派の考え方で進んだ結果として世界平和が実現しているのだろうとは思うが、今まさに大変物騒なことになっているので、今すぐにでもそこに向かい始めればいいのにと思うのである。

どうして、国連で採択された核兵器禁止条約に対して反対している「力による平和」推進グループを、だれも大きな声で批判しないのか

この条約に唯一の被爆国である日本も反対した。さすがに、メディアのコメントも、困った口調で、これでいいのでしょうか……くらいの反応はしていて、けっして賛意を示さなかったように見えた。当然だろう。この件でなら、素直に、これはおかしいと思ってくださったのだろう。大きく取り上げなかったメディアの責任で、よくわかっていない国民もいるかと思うが、詳細を知ることになったら、彼らもこれはおかしいと気づくことになるのだと思う。

では、すでに、これをおかしいと思ってくださった方々に尋ねたい。核兵器禁止条約では、核による抑止力をも禁止しているのである。そして、アメリカなどは、現実をわかっていないとその点をもって、この条約を吐き捨てるのである。

どうだろう。この条約では、今までメディアがいっこうに非難してこなかった抑止力を真正面から否定しているのであった。そして、現実論でその条約に反対した日本やアメリカから核保有国、NATOの国々らに対して、おかしいと思ってくださったのであった。ということは、ついに、抑止力そのものこそに反対すべきだったと気づいていただけたということなのではないか。力による平和こそを突いて、真の世界平和を、そして我々の安全を目指すべきだったと反省していただけたのではないかと思うのである。

そもそも、平和に向かうということは、軍縮するということに尽きるのだろう。しかし、私的な抑止力を間違っているものだとして否定しない限り、現実の話としては、

「軍縮しよう」と永遠に言い出せなくなるのである。抑止力、それがまさに軍備の実態なのだから、もし、ならず者を退治するためにと、それを正しいものと認めてしまえば、それをいけないことだから減らしていきましょうという軍縮のすすめが、まったく理屈として成り立たなくなってしまうのだ。

そして、現実には、ならず者たちの顔ぶれが変わっていったとしても、彼らはどんどんパワーアップしてくるのだろうから、それを上回るよう、私たちは抑止力を永久に増強し続けていくのである。それは、軍縮の反対の軍拡なのだと思う。抑止力を否定しない限り、平和からは遠ざかる一方なのである。

また、この条約の反対理由として、現実的な次の対策も示さずに、というものがあった。

しかし、よく考えていただきたい。そもそも現実の北朝鮮問題において、力による平和グループの次の一手はなんだと言うのか。同盟国の結束、経済制裁などの仲間外れ政策や米韓軍事力による脅しをいくらやろうとも北朝鮮が改心することはない。北朝鮮が心を入れ替えてくれなければ、われわれは、いっこうに安心できないのではないか。この先、朝鮮半島非核化問題も拉致問題も、どこかの落としどころに落ち着き、当面、静かになるということだけではないか。その場しのぎ策だけではないか。

この問題の唯一の答えとは、日本が、戦争をしてはいけないと真正面から北朝鮮に伝え、納得がいくまで対話することでしかない。もちろん、彼らに話を聞かせるためには、彼らが恐れ反発しているアメリカにも、戦争はいけないと北朝鮮より先に説得し始めていなければならないことはあらためて言うまでもないことである。そして、米朝ともに、戦争は悪いことだと心から反省してもらい、現実的なスケジュールで軍縮をしてもらうだけなのである。

そう、この北朝鮮問題を考えても、力の現実論では手詰まりでしかなく、すなわち、根本的解決に向かうような現実的な次の一手などはなにもないのであって、結局は、十分な時間をかけての道徳的対話しかないはずなのである。同じことだと考えられれば、核兵器廃絶のような問題にも、今の段階で現実的な次の対策などと言うこと自体がそもそもおかしいのだ。平和を目指す安全保障の問題に、けっして、即効的な対策などはないのである。今すぐどうしろというのではなく、まずは、理想をかかげ、そこに向かって、みんなで動き出そうということしかないのである。道徳的にゆっくり進んでいこう、しかないのである。

たとえ、現実的でないと言われようが（この現実的は、即効的という意味で使われているだけのように思うが）、対策にもなんにもなっていないと言われようが、このような条約を作って理想に向かい出すことだけが、今できる唯一の「現実的」な対策なのだ（もちろん、即効的ではないが）。本書で私が繰り返している考え方である。

国を引っ張る主流の方々は、日本は美しい国でまことに誇らしい国だと言う。私もそう思う。

両方ひどいことはひどいけど少し北朝鮮のほうがアメリカよりひどいし、また、喧嘩をさせたら当然アメリカのほうが強いし、戦後ずっと仲良しできて、もし怒らせたら僕たちを守ってくれなくなるかもしれないし、という理由でアメリカをとにかく支持しよう、その連携のために求められるやるべきことはしっかりやろう、現実をよく見て危機意識を高めよう、がその美しい国のすることだろうか。

核兵器禁止条約は国連の話である。百か国以上が賛成し、どう考えても正義であろうこの条約に反対する国などを、その国連の拒否権付きの常任理事国などにしておいていいのだろうか。誇らしい国であるなら、まさに、この機に、唯一の被爆国であるからといよいよそれを世界に宣し、五常任理事国に核兵器禁止条約賛成への呼びかけと、そろそろ拒否権返上をすべきではないかとの忠告を、百か国以上の仲間の先頭に立って、実行すべきときなのではないか。

我が日本は、多くの国々から、世界平和へのリーダーシップを期待されているのではないかと思う。それに応えてこそ、美しくて誇らしい国なのではないか。やはり日本は、本書に基づき変わるべきなのだと思う。そのためにも、本書で繰り返す至誠を、メディアが採りあげてくださらないものかと期待する。そして、ついには、国を動かす人たちの心に届くことを願うのである。

今、普通の人ならいだいているはずの、まっとうな違和感を大切にすることから始めよう――そもそも自衛戦争や抑止力というものが過ちであるということに気づくために――

多くの日本人が、まっとうな普通の感覚というものを見失い始めていないか。

1. 原爆は戦争を早期に終わらせたという点で正義であったのだとのアメリカの発言に、普通の日本人であるなら違和感をもつことだろう。
2. 世界で唯一の被爆国である我が国が、国連の核兵器禁止条約決議に反対することにも、そこはなにかおかしいのではと違和感をもてるのではないか。
3. 今は治まっているようだが、以前、北朝鮮のあまりの暴挙に対し、目には目をと、韓国一般市民が自国に核兵器配備を求め出すということがあった。多くの日本人は、違和感を感じたことだろう。
4. 日本の首相の、北朝鮮に対する、あまりにも勇ましい攻撃的な発言と、内閣支持率上昇の連動を見れば、大勢の人が我が身の安全を願う気持ちと北朝鮮への怒りのために、その強い姿勢を頼もしく思っているようではあるが、心のどこかには、きっと、やりすぎではという、かすかな違和感があるのではないかと思う。

一方、おそらく、かつては違和感があったはずが、今では、それもこういう世の中ではしかたがないのだろうと、普通の当たり前のことと考えるようになっていることがいくつかあるように思う。

1. 攻めてこられたらいったいどうする気だ。やられたらやり返せるよう普通の国なら軍備は当たり前のことである。また、たとえ、武力行使という手段であっても、戦争ができないわれわれを守るためにということなら、同盟国のその武力行為を肯定し、われわれもできる限りの応援をすべきであろう。そもそも自衛戦争自体は悪いことではないのだから。

2. なにを言ってもきかない悪い奴らがいる限り、武力行使してでも解決できるよう、自らの安全を守ることができるよう、抑止力は必要だ。たとえ、それが世界の警察とでもいうような公のものでなく、私的に各国が備えるものであったとしても、だ。

などという、今、本流であり、多くの方々が正しいことだと認め、進められている「力による平和」を原則とする考え方のことである。

私は、先に上げた、今のところみなさんが違和感をいだいていると思われる四つの例も、このままでは、そのうちに、普通のことになってしまうのではないかと恐れている。私は、ことさらに、この「正しい」感覚をもち続けようということを訴えたいと思うのだ。

そして、その感覚をもつ源となっている、人間ならだれもがもっている心根の本質に、あえて、はっきりと意識して、気づくことこそが、今、必要なのだと思っている。実は、今も違和感をもつことができる先の四例も、すっかり普通のことになってしまったそのあとの二例も、それらがすべて間違っていることだと正しく考えられるための、その源となる本質の正義とは、たったひとつの同じものなのである。

それは、「絶対に戦争をしてはならない」ということだけである。

被爆した悲惨な事実を肌身で感じられるからこそ、われわれ日本人は、力による平和が絶対の今なお、先の四例（特に最初の三例）を違和感をもってとらえられているのかもしれない。しかし、原爆のように、一度にたくさんの命が奪われるということでなくても、戦争というもので、そこに巻き込まれたたったひとりの一般市民が死ぬということも、その「いけなさ」はまったく同じことなのではないか。もちろん、一般人だからというのではなく、軍人がたったひとり死ぬことも、同じく、あってはならぬことだろう。人を死なせるものだから、戦争はあってはならないと、理屈はそれだけなのだと思う。だから、あとの二例も、それは間違っていることなのだということに、もう一度考え直すべき、かつての思いに立ち戻るべき、と思うのである。

どうしても、気づいてほしい。多くの国民があとの二例に対し、なんの疑問ももたずに当たり前のことと許してしまうようになってしまったが、本質的には先の四例と同じ過ちなのだということに、だ。

すべての戦争は、まずは自衛という大義から始まるのである。あの真珠湾があったから、そして、その反撃は許されるのだから、すなわち、自衛のためなのだから、と日本との戦争に挑み、原爆まで落として、決着をつけたアメリカは、世界史的にも、まったく正しいこととなっているのであるが、果たしてそれが正義であっただろうか。

また、現実は今あるように「こう」なのだから、当然、自衛隊は必要で、みんなで感謝と尊敬をすべき存在ではあるが、目指すべきこの先の理想社会では、けっしてあってはならないものなのだろう。それは、この今であっても、はっきりとそう言わねばならないことであって、それは、集団的自衛権というものを考えるときも同じことなのだと思う。

一方、人間というものは不完全で弱いものだから、世の中に警察が必要なように、公の抑止力というものが必要であることは間違いないが、それが各国レベルで備えられ、その大きさを競い合い、やがて使用されることにでもなれば、それはまさに私闘ということになってしまうのである。戦争が抑止力という備えから始まってしまうのである。

このように、戦争というものは、自衛という大義や抑止力という備えから始まるものなのであって、自衛のために……や、抑止力で守らねば……、という考え方をも許さないよう努めない限り、戦争を廃絶することなどできないのだ。言い換えれば、現状は、だれもが自衛戦争と抑止力を認めていて、すなわち、だれもが戦争を廃絶しようなどとは、本気で考えていないということなのだ。われわれは、こういうふうに思考し、こういうふうに行動しているということをしっかりと意識し、その結果として、正義に対して目をつむっているということに気づくべきなのだと思う。

唯一である本質の正義ただ一点だけを見ることができれば、自衛戦争や抑止力らの概念が許されるわけがない。勇ましい、この美しい国を守らなければならないなどという言葉に惑わされて、かつていだいていたはずの、まっとうな違和感を見失ってはならないのだ。

多くの日本人が、今もかろうじていだき続けている違和感をていねいに見つめ直し、また、かつていだいていたはずの違和感をも思い返し、そして、本質の正義というものに気づくことになれば、世界は、間違いなく「平和」という方向に進み始めることになるのだろうと思うのだ。

「これで世界は平和に向かう」とは、そういうことなのである。

だから、ひとりでも多くの方に、この本を読んでいただきたいと願うのである。

憲法九条の「国際平和を希求する」をほんとうに実践することや、その考え方をもとに理屈を立てるということで、さまざまな難問を解決していこう

憲法九条に自衛隊の存在を明記すべきだという意見がある。

が、我が国の平和憲法の核心は「国際平和を希求する」なのである。幸い、この部分については、改憲派からも反対されていないように思う。日本だけが戦争をしません、だけでは、けっして国際平和が訪れることはないし、また、現状を見てわかるように、日本の安全が確保されて安心できるわけではない。だから、国際平和を希求しよう、なのである。目指すべきは、私的な軍備をだれもがもたない（警察と同様に、公の抑止力というものは永遠に必要なものと考えるが）、戦争がない平和な世界なのであって、その理想の社会を目指そうという憲法ならば、当然、そのときには不要となる自衛隊の存在を明記すべきではないだろうと思うのだ。

特に考えなければならないのは、国際平和を希求するの「希求する」のところである。そうなのだ。世界の警察という公の抑止力がなにもない現状で国際社会に向かって今すぐすべての軍備を解消しろなどとはけっして言えるわけがないのだから、国際平和というものに対するアプローチとして、希求する、すなわち、目指していく、さらに言い換えれば、平和という理想を掲げ、絶対に後退することなく、そのゴールに向かっていこうという、政策の方向性を正していくことだけを憲法は求めているのである。

自衛隊は必要だし、アメリカの核抑止力頼みの日米安保もなくてはならないものなのだろう。それが現実である。今以上に、自衛隊やアメリカの軍事力に、感謝と尊敬の念をもつべきだとも思う。これからも、なんとか、みんなで知恵を出し合い、うまい解釈を考えて維持していけばいいのだと思う。が、それはそれでそれだけのことである。それはそれでさておき、われわれは、国際平和を希求する、なのだから、その理想に向かうという行動、努力だけは、憲法の条文通りに守っていかなければならないと思うのだ。そして、数百年はかかるのだとは思うが、その理想のゴールのときには、自衛隊も日米安保もなくなっているのである。

集団的自衛権についても同じことである。憲法解釈上どうかとか、また、どういう条件なら、などという議論は必要なくて、所詮、同盟国の武力行使の応援をするという行為にすぎないのだから（そもそも同盟国の武力行使を止めにいかなければならないはずである）、国際平和という理想には不要なものであり、我が国の法律にすべきではなかったのだと思う。もうこれ以上、世の中の仕組みを戦争をしやすくなるような方向にするのではなく、平和に向かっていかなければならないのだからだ。反対理由は、国際平和を希求する、というその方向性に反している、だけでよかったのだと思う。

なお、法律というものは、当然、後に加えられた条文が、より力をもつこととなる。後法優先の原則である。条文同士に矛盾がある場合など、後に、その状況をわかった上で、新しく加えられた条文ということになるわけだから、なのだろう。

多くの人がすでに自衛隊を合憲と認めているのだし、日頃から一生懸命働いていただいているのに、それを違憲の存在と呼ぶのはしのびないし、ましてや、今すぐ戦争をしようとしているわけでもないのだろうし、ということで、別に、自衛隊の存在を憲法に明記しても不都合はないのではと、安易に考えている人がいるのではないか。
自衛隊は、国際平和達成時には明らかに不要なものなのであり、矛盾の存在なのである。それなのに、もし、自衛隊の存在を追加条文に明記して、憲法上で認めてしまえば、ますます、国際平和の希求という、もっとも重要な私たちの行動規範が、ないがしろにされてしまうだけではないか。私たちは、心して、憲法九条の「国際平和を誠実に希求する」の部分を、もっと大切に扱い、より忠実に実践していかなければならないというのに、だ。

日本だけが戦争をしなければいいのではない。我が子や自衛隊が危険に遭遇しなければいいということでもない。そもそも、日本だけが安全であればいいのではない。そこは主流派がいつも言っているように、世界がこんなときに、日本だけが、事情により戦争をできませんからと、なにもしないで後ろに引っ込んでいるだけでいいわけがないのである。

でもそれは、国際連携をとり、やってはいけない戦争という行為の中で、少しでもやれることをやるということなのではなく、だれになんと言われようが絶対に戦争はやめようと道徳を説いて回ることなのである。

それは、なにを隠そう、私たちの平和主義を謳う憲法は、国際平和を希求する、だからだ。今こそ本気で、国際平和を希求する、を実践しなければならないのだと思う。

われわれは、各国が自主独立する中それぞれの安全を第一に考えて、いろいろなぶつかりごとに対し、やむをえないときには、戦争そのものである武力行使というものも正義の手段として選択肢のひとつに認めるというやり方で、事を進めている。現実をよく見よ、理想の平和は後回しだ、と言いつつ、それを正義だと考え違いをして、抑止力を磨き、軍拡を進め、なんの躊躇もなく戦争を正しいものにしてしまっているのである。

戦争が現実に起きているというような状況はそうそうあるわけではないのだから、国際的危機的状況指数というものを考えてリスクマネジメントをしていこうとするなら、それは、ただ各国軍事力の総和というものだけを見ていく必要があるのであって、そのとき、新たに核軍事力を充実させ喧嘩を仕掛けようとする、ならず者が、まさにリスクの根源であることは間違いないが、それに対して抑止力で応酬し、勇ましい発言をして戦争の体制を引く国も、平和にとっては、ひたすら戦争リスク指数を増大させる悪者になっていると思うのである。

だから、いっこうに平和に向かわないのである。

口では一応、平和を理想だと言い、でも今は、国際緊張度が増しているから、われわれの安全のためにまずやるべきことを、とのことらしいが、結局、国際緊張度が増しているのは、また、平和そのものが遠ざかっていくばかりなのは、北朝鮮だけでなく、こちら側も含めてすべての国がやるそのやり方も原因になっているのである。平和などという夢物語はとりあえず棚に上げておいて、まずは現実に対処していこうという言い方がされるが、その対処をすればするほど、その夢物語はぶち壊されていくのである。平和を後回しにするということは、しばらく棚に上げてそのままにしておいたあと、いつかは着手するという意味であるはずだ。いつかは平和を目指そうといくら口で言っても、そのしりから、平和をつぶしにかかっているのであれば、それは後回しに、ということにはなっていない。このように、私たちは「国際平和を希求する」とは真逆のことをし続けているのである。

だから私は、きちんと後回しにしてでもいいから、国際平和を希求していこうと言うのである。現実、危険な状況である、すべての軍備、システム、約束事の実情、実態というものを認めた上で、すなわち、自衛隊も、日米安保も、アメリカの核抑止力も、それらすべてを認めた上で、ただ、百年、二百年かかってもいいから（しばらく現状のままでいいし、それこそいくらでも後回しにしてもいいのであるが、大事なことは、これ以上、平和に逆行することだけは慎もうということ）、世界中で、一ミリずつでいいから平和に向かっていこうと言うのだ。最後は各国軍備の全廃を目指し、どれだけゆっくりでもいいから、私的な軍備の公的化をはかっていくだけであると言うのである。

このように考え、世の中を進めていくことだけが、国際平和を誠実に希求する、であるのだと思う。

総括—世界平和へのストーリー—

前書は、平和へのひとつの理屈を一冊にまとめたもので、また、本書は、その前書をどうしても読んでもらいたいという思いと、前書を書いた以降の状況も踏まえた上での新たな言い方による補足を、あわせて書いたものです。結局、二冊で主張を示すことになりました。

前書で示した考え方と本質はまったく同じものながら、現状に適応させた別の言い方で、その本質をより理解いただけるようにと書いた本書ですが、二冊になったことで、また、特に本書の特殊な構成のために、かえって、それでどうしたいのかというところをわかりにくくしているのかもしれません。

そういう思いもあって、ここで、あらためて、世界が平和に向かうストーリーを箇条書きにまとめておこうと思います。

・まさに今起きている北朝鮮問題では、戦争をするな（核をもつな）と、戦争をすること（核の抑止力）で抑えつけようとしていることが間違い↓だから、北だけでなくアメリカにもはっきりと、その過ちを注意すべき。

・各国に、自衛であるということも含めて、戦争への大義を認め始めたらきりがない↓私闘にすぎない、すべての戦争を認めないこととする（戦争の準備に他ならない抑止力も正しいものではないと、はっきり言う）。

・世界の警察は必要だから、公の抑止力を充実させていく（配備バランスは再考すべきであるが、現状の各国の軍備が、そのまますべて国連の所有かつ指揮下となればいい）。

・その世界の警察がととのうまでは、各国私設軍備を国連が使うという形式で、戦争をしているところへの武力制裁を行い、抑止していく。

・折り合いをつけて、現状の各国軍備のスタートラインを定め、今後、一ミリずつでいいので、世界中で軍縮に向かう。時間をいくらかけてもいいとするが、絶対に逆向き（軍拡）は認めない。

・明確に理想の姿を掲げるも、同時に、現実のすべてを認めることにする。すなわち、今、この現実からその理想に向かい始めようということ。

・この流れにするためには、世界中のすべての国が集う、節目となるような誓いの場が必要（ポイントは、抑止力を正当なものとして、堂々と、自分勝手に軍事戦略を進める国連五常任理事国に、戦争はいけないことだと納得させ、この誓いに誘うこと）。

・この誓いを、世界の国の全メンバーで行うということで、すべてが劇的に変わる↓
それは、戦争は悪、軍備が悪、が全員共通の考え方になるから。どの国がやるものであっても、すべてのさらなる軍備充実策が軍拡であるとしてそれが認められなくなるから。しかも、その理由としては、その利害関係にある者たちによる、自分たちの安全が脅かされるから、バランスが崩れるからなどということではなく、軍備が悪だからそれはいけないのだと、はっきりと言うことができるようになるから。すなわち、日本であれば、中国の南シナ海戦略だけでなく、同じ理由をもって、同盟国のアメリカにも、過って力による平和策をしようものなら、堂々と、世界中の誓いの言葉をもって、非難できるようになるから。さらに言い換えれば、世界中で、しかたなく、力を競い合ってきたというこれまでの悪の構図を一気に解消できるようになるから。すなわち、安全保障をビジネスのように考え、落としどころ、妥協点を戦略的に取引していくというスタイルから、「絶対に戦争はいけない」との一点に向かって、全世界が、淡々と、穏やかに、ただひたすら道徳的に、振る舞うということを目指すというスタイルに変わることになるからなのである。

・以上のことは簡単に進むわけがない。そして、今のところ、九十九パーセントの人たちがそんなことは無理だと、端からあきらめている→だから、世界の空気を変えるしかない。まずは、日本から変えるしかない。それは、唯一の被爆国であり、世界に多大な影響力をもつ大国であり、大変すばらしい道徳をもつ誇らしい国であるからだ。日本がこう発言し始めれば、十分に、世界にインパクトを与えられることと思う。

・そのやり方は、このようなことを話せる場に立てる人たちのだれもが、どのような場面であっても、愚直に、以上のことを訴え続けることである。そして、ひとりずつ、そのように考える人を増やしていくことである。それを、まずは日本から始めようというのである（気が遠くなるくらいに果てしないことだと笑うかもしれないが、これが正義であるならば、あるとき、一気に流れを変えられるときがあるように思う。また、いつか、そこそこの力をもつ地球人のだれかからこれを始めない限り、私たちは、永遠に平和をつかむことができないのだろうと思う）。

そして、以上のストーリーを実現させるためには、この日本において多くの国民がそうであると思ってくださり、願いがひとつになって、空気が変わって、国を動かす人たちの心に私たちの至誠を響かせることがどうしても必要だと思うのです。そして、大論争を起こして、その結果として、日本が真の平和を目指す国に変身することなのです。

想像だけでもしてみてください。今、世界の仕組みが現状となにも変わらず、また、安全保障に関するあらゆることも現状と同じようなのだとしても、もし、「戦争は悪いことである、だから、最終的には軍備もなくなってしまえばいい」と、世界中のどの国もが考えあらためられるようになれば、それだけで、世界の動きは一変するはずです。今、さも当然の正義だと、「力による平和」や「抑止力」という言葉を、世界のリーダーたちはなんの恥じらいもなく堂々と発言していますが、その激変のあとは一転、だれもが、人前で大きな声では、けっしてそのような言葉を言わなくなるのです。それは、マスコミはもちろん、一般市民のみなさんが、「人殺しの戦争はイヤ！」と、いつでも戦争に怒るようになっているからです。この状況こそが、世界が平和に向かうということです。みんなの心もちを変えるだけで、いとも簡単に流れは変わるものでしょう。ここを目指すことこそが、私たちの希望のストーリーだと思うのです。

あとがき　―私の意見を現実のものと想像してもらうために―

最後に、間違いなく正しいことを言えているはずなのに、どうして私の考えが日本中染み入るように受け入れられていくことがないのかを、素直に反省してみたいと思います。

まっとうな理想を、実現が困難だとのことだけで、夢物語と馬鹿にするなと書いてきました。現実的であるとのことだけの俗論に惑わされるなとも書いてきました。

でもやはり、そういう理屈をいくら並べたとしても、みなさんは現実に想像もできないようなことに共感することは難しいのでしょう。おそらく、そんなことはありえないと思ったとたんに、そんな意見を旗印として草莽崛起しようとする気は失せてしまうのでしょう。

なんとか、こう考えたほうがいいかもしれないとわかってもらえるよう、俗論のひとつひとつを否定し、理想へ向かうことの尊さとその必要性をここまで書き続けてきましたが、まだ、世の中は、まったくと言っていいほど、なにかが変わるという気配ではありません。本気で戦争をなくそうと思いつめる人たちであふれかえる社会に、いまだ向かう兆しにないのです。

それなら私は、理屈を書いただけで終わらずに、みなさんに私の考えを心から理解していただけるよう、それでみなさんが賛同の声を上げることになるよう、そしてほんとうに世界が平和に向かうことになるよう、いよいよ最後に、現実そんなこともありうるかもしれないとみなさんに思ってもらえるようなことを書かないといけない、のでしょう。

私は、幾度となく、平和に向かうための議論をしようと書き続けてきました。自問をしてみます。それでは、その議論というものは、現実には、いったいどういう場面を考えていたのでしょう。どれだけのつわものたちを集めて、どれだけの準備をして、どんなきっかけから切りだして、どう始めるつもりだったのでしょう。どう進めるつもりだったのでしょう。

そもそも、国際紛争の最前線で議論を戦わせるということは、いったいどういうことなのでしょう。どこかの国が軍事侵攻を始めたというとき、国連の議場では、いったいなにが行われるというのでしょう。いずれにしても、人の命をかけての話し合いになるのですから、国際舞台の安全保障に関する議論の場がすさまじい圧迫空間であることは想像にかたくありません。

そのようなことを少しでも考えられれば、私の言う議論の場、これから平和に向かっていきましょうと誓い合う場を、ほんとうに現実に実現させるための手順を考えようとしたら、それは途方に暮れて立ち尽くすしかないのでしょう。そこは、なんと、この現実社会で、世界を平和にしようということを議論する場なのですから。

おそらく、私が言っていることに対し、正しいことだとは思うけど……、できたらいいけど……と、みなさんが感じていることは、こういうことなのでしょう。こいつの言っていることは正しいことかもしれないが、現実には絶対にありえないことだと。どういうことになるのか想像すらできないと。

ストレートに現実的に考えるとそうかもしれません。また、最初から、うまくやろうと思うとそうかもしれません。そして、今すぐに結果を出そうとしたらそうかもしれません。

しかし、絶対に戦争がない世の中をつくろうとだけを心に誓って、だけど、すぐにはうまくいかないだろうからじっくり取り組んでいくことにしよう、ということならどうでしょう。

まずは、私たちはこれから平和に向かいます、そして、みなさんにこれから仲間になろうと説いて回ります、とだけ宣言することから始めれば、どうなのでしょう。

事このテーマにおいては、剛腕政治家が、高度な戦術と胆力をもって現実的に、テクニックを駆使して進めていくというやり方より、ひたすら愚直に、正しいと思うことだけを言い続けて、じわじわ、世界の空気を変えていくというやり方のほうが成功しそうに思いませんか。

この話は、今、世界で進められている、力による平和を目指す国際連携の中での立ち回り方のことを言っているのではありません。まさにそのときでなら、力強さとかけひきの限りを尽くすやり方のほうがいいのでしょう。現に今、主流派の方たちは、必死にそうやってくださっているのだと思います。

しかし、私はここで、今、本気で戦争をなくしていこうということをやり始めるとしたら、それはどういうやり方なのか、を考えているのです。そして、そのやり方を、どういう言い方で語れば、多くのみなさんに、それもありうると、だから、本気で戦争をなくそうとすることもありうることだと、考えてもらえるようになるか、納得してもらえるか、を考えているのです。

戦争をなくそうという問題の解決には、どう根回しして、どう会議を企画し、どう結果を導き、どうその後の運用を図っていくかなどというように、どれだけスキルを駆使して取り組んだとしても、絶対に無理なような気がします。まともにトライしようとすると、途方に暮れることになるだけなのだと思います。胆力、外交力、交渉力などをたよりに、力の限りを尽くして、この複雑怪奇な、この世界の実相の中で、安全保障についてなにをやろうとも、そういうことでは、絶対に解決することはないのだと思います。

恐ろしいくらいに煮詰まった安全保障に関わる第一線の国際的場面で、それこそいくら「戦争はいけない」と理想を語りかけたとしても、それで世界を変えることになるなど私にも想像することができません。今、テレビなどで目にする現実のシーンで、どんな正しいことを発言したとしても、その場では絶対になにも変わることはないのでしょう。みなさんもそう思っているのでしょう。だから、戦争なんて、なくなるわけがないと思っているのでしょう。

私がやろうとしているのは、そういうことではありません。それは、多くの人の心根を、平和を願い、平和に向かおうということにしようということだけなのです。そうなるように、日本人がまずは心を入れ替え、愚直に、世界中に広めていこうとし始めようということだけなのです。

まずは、日常の小さなミーティングやちょっとした集会などから、それがどれだけぎすぎすした厳しい場面であっても、成果を上げようという野心をまったく見せることなく、常に「戦争をすることはやめましょう」だけを繰り返して、マイペースな頑固者として振る舞っていくというのはどうでしょう。日本がそれをやれば、ただの頑固者で終わることにはならないでしょう。もちろん、初めのうちは無視され続けるのでしょうが、それでもいいではないですか。いつか、必ず、賛同者が集い、国際舞台の空気を一変できるのだろうと思います。きっと、そのうち、具体的にどうするのかと尋ねられることでしょう。そのときには、Ⅰの挨拶文の中の①から②③の話をすればいいのです。

さらにその先、事がうまく進み始めさえすれば、自然な形で、日本がリーダーに担ぎ出されて、周りのみんなの力で、とんでもなく崇高な世界平和を誓い合うという会議が開催されることになるのかもしれません。先ほど、今、こういう会議を、いったいどうつくり出せばいいかと途方に暮れてしまいましたが、このようにうまく進み出すことになれば、簡単に実現してしまうかもと、楽観的な私には想像ができるのです。みなさんもそうは思いませんか。少なくとも、今のやり方で進んでいくこの先よりも、現実的なものとして想像できるのではありませんか。

北がミサイルを飛ばそうが、アメリカが抑止力を見せつけようが、そんなことくらいではけっしてひるむことなく、けっしてぶれることもなく、頑なに正義を語り続ける地味で素朴なヒーローこそが望まれていると思うのです。

国民は、国益を守り、毅然とした態度で世界の確固たる立場を築き、晴れの大舞台で、さっそうと物事を処理していくというようなリーダーを望みすぎなのだと思います。だから政治家たちは、みんな、その期待に応えるスーパーヒーローを目指したがるのです。安全保障に関することに限り、絶対にそういうことではないはずです。

一気に世界平和など実現するわけがないのですから、じっくり取り組めばいいではないですか。国民は、正しいことをしているのだからと、そこを認めて、ゆっくり見守っていればいいのだと思います。こういう、愚直な、正義の頑固者が世界で振る舞うという姿なら、それは、現実にありうることであると想像できると思うのです。

戦争がいけないことであるということは、だれもがわかっていることです。しかし、では本気で戦争をなくしましょうとなると、いろいろなことを考えてしまって、だれひとり賛成しなくなってしまうのです。

私は、あらゆる場面にある、その「いろいろな考え」という悩みの種がなくなるように、執拗に、この二冊にそのための理屈を書き続けてきました。その中のいくつかに、こう考えればよかったのかと、世界平和を現実のものと思い描けるようになったところはなかったでしょうか。

いろいろな障害があり、まっすぐに進んでいくことはないのでしょう。また、果てしなく時間がかかることになるのでしょう。でも、それがなんだというのでしょう。私たちは、世界平和を目指してゆくのです。私が書いたこの先の日本の姿を少しでも現実のものと想像していただけたなら、おそらく心には世界平和というものがしっかりと想起されたことと思いますから、いよいよ、みなさんが嫌いな戦争を本気でなくそうとの方向に、世の中を進めていけるのではないかと思うのです。

これが「『力による平和』でなく『道徳による平和』のほうが良いから、そうし始めましょう」という私がどうしても伝えたかった考え方です。

みんな坂本龍馬の出現を期待しすぎなのではないでしょうか。この複雑怪奇な現代社会の中で、あんなに格好よく、手際よく、あざやかに立ち回ることなど、おそらく、今、彼がよみがえったとしても無理でしょう。

本気で世界平和を目指し始めようとするなら、それは吉田松陰のやり方しかないのだと思うのです。

幕末、吉田松陰は、自らは、なんの結果を残すこともなく、むしろ失敗を繰り返しながら、ひたすら「至誠」をもって呼びかけるというやり方だけで草莽崛起を実現させ、そして維新を導いたのでした。

追記

その吉田松陰は、勤王佐幕戦争の第一幕ともいうべき安政の大獄で斬首され、その大獄を先導した大老井伊直弼は桜田門外の変で散るのです。坂本龍馬は幕府方に近江屋で斬られ、その斬殺を指揮した佐々木只三郎は鳥羽伏見で戦死します。西南戦争は西郷隆盛の自決で終結しましたが、その翌年、西郷信者の逆恨みに大久保利通は紀尾井坂の変に斃れるのです。

このように、私の大好きな人たちは、みんな、人が人を殺すという争いごとで亡くなってしまいました。それは、憎しみが憎しみを生んだということでしかありません。彼らみんなでやる明治維新を見てみたかったとは思いますが、今の時代の私がそれを悔やんでも、なにも得られるものはないのでしょう。

しかし、私は、その悔しさを晴らすという意味でも、「人が人を殺す戦争を絶対にだれもがしてはならない」という世界を実現させることに全力を尽くしてみようと考えたのです。今まで、幕末維新という激動の時代に命を捧げられた大勢の方々の墓前にお参りさせていただきましたが、そのつど感じた彼らの志と無念さをなんとか私の身体にとりつかせ、それをなんとか「私のこの思い」を昇華させる「執念」として実らせてみようと考え、私は本書を書いたのです。

人が人を殺すという行為だけは絶対に許されることではありません。

過去の、だれかがだれかに殺されたという話にも、今聞かされる、だれかがだれかに人間のなせる業で殺されてしまったという話にも、私は、ただ、恐ろしく、情けなく、そして悔しくてならないという感情しか沸き起こりません。そして、残された人々にお気の毒にという思いでしかありません。

圧倒的な自然の脅威そのものであった東日本大震災で、学校側に子供たちの避難誘導の過失を問うということ（当のご遺族の心情は十分に配慮されるべきですが）と、まったく悪びれることなく、堂々とした態度で、大義を掲げて、戦争を仕掛ける国に対して、その悪行その責任を問うことと、私たちは、今そのどちらを優先するべきなのでしょう。どちらに「怒る」べきなのでしょう。

大国が武力行使をするとき、彼らは、人を殺すということに対して「まったく悪いことをしている」と認めることがなく、また、反省の言葉を発することもないのです。亡くなった方が何人かが数えられるだけなのです。どうして、国際法も国連も、なんらかの条件を満たすことで戦争を許してしまうのでしょう。

近年は、死刑の是非までが問われるような時代だというのに、です。情状酌量の余地がない極悪非道の殺人者を裁くことでさえ、人が人を殺めていいものかと考え直そうという時代であるというのに、です。

大国が「戦争のいけなさ、人殺しの罪」に気づいてくれればそれに越したことはありませんが、まずは日本が、そのためにも、まずは日本国民が、それに気づくことになればいいと考えました。

国際平和の実現など、まだまだ先の先なのだとしても、武力衝突が起きてしまったとき、また、たとえ起きてはいなくても、戦争だとか、抑止力だとか、軍事介入だとか、の言葉を耳にしたときには、せめて「人を殺すことは悪いことなのに！」と多くの人が当たり前に嫌悪感をいだくことができるような世の中には近づけたいと考えました。

Ⅲ　とても大切な巻末

私たちは、同じこのやり方で世界を平和に向かわせられる
――ある高校の、クラス内暴力を絶滅させようとする物語――

なぜ、世界がこのような事態になっているというのに、マスコミも知識人たちも、そして、国民のだれもが黙り続けているのでしょう。果たして、それは人間として許されることなのでしょうか。

あなたの直感に問いかけたいと思います。

世界平和が、それがいくら奇跡的な大変困難なものだとしても、いつになるかわか

らない果てしなく遠い先のことであるのだとしても、それでも、私たちはそれをけっしてあきらめてはならず、なんとか目指していきたいものであるのだと、あなたはそう思いませんか。

そして、世界を引っ張る先進国たちがそろって「力」を優先している限り、世界平和は永遠に訪れることはないのだと、あなたはそう思いませんか。

あなたの直感は、そう認めてはくださいませんか。


もし、そう思っていただけたのなら、さすがに、もうそろそろ、心のもちようをあらため始めてもいいのではありませんか。

私たちのひとりひとりが、です。


その中でも、世論を導いていく力をおもちの方であれば、この日本を真の平和主義の国へと、その先導役を果たすべきなのではありませんか。

どなたか、私の呼びかけに平和への正しい意見というものを感じとり、それを一大民意に育て上げ、国を引っ張っていく人たちにぶつけてくださるという方はいらっしゃらないのでしょうか。

なかなか世の中に伝わらないものですから、私はこれまで「戦争をしてはいけない」というたったひとつの主張だけを、あらゆる言い回し、あらゆる表現で、繰り返し書いてきました。それは、どういう言い方であればわかってもらえるのだろうと、日本が変わるまで繰り返し続けてやろうという思いからなのでした。

しかし、くどいと思われてきたのかもしれません。これ以上は逆効果なのかもしれません。

それでも、私の直感は、二冊の本に書いたことは絶対に正しいことであると、それだけでなく、日本をそのような方向にあらためさせるべきであると、さらなる繰り返しを自らに促すのです。

これ以上、新たになんの理屈も思いつきませんから、ここで、これまで書いてきたことの究極の繰り返し、究極のダブりの物語を書こうと思います。ある高校のあるクラスの物語です。

*

そのクラスのリーダーである学級委員長は、スポーツ万能で成績優秀、加えて典型的なリーダー気質の人間です。取り巻きが大勢いますが、その中にはサブリーダー役の、これまた成績優秀のまじめな友人がひとりいます。家の環境や育ち方はそれぞれですが、今はとても裕福で優等生という二人です。そんなクラスですが、残念なことに、とても身勝手で凶悪な生徒がひとりいて、みんなを困らせているのです。

あるときから、その悪ガキは学校にナイフをもってくるようになり、休み時間にそのナイフで他の人に攻撃することを目的に、投てきの練習を始めたのです。もちろん、原則、学校にナイフをもってきてはいけないということはルールになっていて、特にその生徒には再三個別指導をしていたのですが、ここにきて堂々とルール違反を始めたのでした。彼はとんでもない悪い奴なのでした。

しかし、彼はリーダーに反発しているのだと言うのです。

実は、そもそも、リーダーを含むクラスの主要な五人には学校にナイフをもってきていいという特別ルールがあるのでした。もちろん、その人たちは、もしかしたら表面的にだけかもしれませんが、日頃から間違いなく正しい行いでクラスを引っ張っている人たちであって、そのナイフをもってきているのも、悪い奴を退治するため、そんなことをさせないよう抑止するため、なのでした。

でも、その悪ガキは、一番数多く高性能のナイフをもっているリーダーに、育ちも目指している生き方の方向性も全然違うものだから、いつ、自分のやり方に文句を言われて、ナイフで攻撃されるかもしれないと、今やっていることはその対抗のためなのだと言うのです。そういえば、リーダーは、しばしば考え方の違う人たちを、それはいけないことだと、仲間と協力して暴力という手段で攻撃していたのでした。以前、攻撃された生徒などは、たしかに悪いことをしていたようでもありましたし、クラスの主要メンバーとは信条も違っていて、大いに嫌われているようではありましたが。

でも、結局のところは、今、悪ガキの彼が言うように、自分たちとはやり方が違うという理由、また、自分たちの権益の都合というだけで、クラスの一生徒に対して、リーダーは平気で、暴力という手段で制裁を加えていたのでした。

当然、今回のケースも、リーダーはルールを守れと、その悪ガキを徹底的に非難しています。仲間と協力して、彼の学園生活に制限を与えます。仲間外れ政策です。そして、いよいよのときには、いつでもその悪ガキを退治できるよう、彼がもっているものよりはるかに攻撃力の高いナイフを、ここぞとばかり研ぎすましているのです。

こういう状況のクラスですから、リーダーの取り巻きは、悪ガキから身を守ってもらうため、絶対にリーダーに逆らうことはありません。また、特別ルールでナイフをもてる有力な生徒などは、次のリーダーの座でも目指しているのか、立場を有利にしようと自らの勢力拡大に余念がありません。そして、リーダー自身は、クラス内暴力の勢力争いをはじめ、さまざまな分野において、自分の立場や利益を確保することに、常に最大限のエネルギーをかけているのです。

そして、リーダーたち主要メンバーは、クラスのルールをどんどん自分たちの都合で作っていくのです。このクラスでは、以前、グループ対抗の大きな抗争事件がありました。その終結後、二度とこんなことが起こらないようにと、クラス内暴力を抑えていくために公的機関たるクラス連合というものを作ったのですが、それは、五人の主要メンバーのだれかひとりでも反対すれば、大事なことはなにも決められないという、彼らの都合を第一優先とする機関でもあったのです。このクラスはそういう仕組みで成り立っているのです。

これまで、主流グループに反発する者も、例の悪ガキをはじめ何人かが出てきています。ほんとうに困った人たちで、クラスのみんなは辟易しています。でも、よく考えると、いろいろなやり方をする生徒がいることは認めなければなりませんし、そもそも、権力を見せつけ、力づくで、自分ファーストで、主要メンバーたちは自分たちの価値観だけを振りかざしてクラスをまとめていこうというのですから、常識で考えればあちこちで反発を生むこともやむをえないことなのかもしれません。

ちなみに、リーダーや有力メンバーたちのご実家は、それぞれがそれなりに大コンツェルンで、もちろんナイフメーカーも経営していて、今まではなかなかクラスからナイフを一掃してしまおうなどという意見は、だれからも語られにくいという状況なのでした。

しかし、さすがに近頃の緊張度の高まりから、また、そもそも学校にナイフをもってくることは危険なことですから、それを悪いことと定めて、現実的に、漸次的に、所持が許されている主要メンバーも含めて全員がもってこないようなクラスにしていこうという意見がようやく、学級会の議題に上がるようになりました。その実現の困難さはさておき、まずは、学校でのナイフ所有はいけないことであるということを、正式な規則として成立させることから始めていこう、ということなのでしょう。が、権力を振るっているクラスの主要メンバーは、この考えを理想主義だと馬鹿にして、現実をわかっていないとその意見を認めようとしないのです。

かつて、クラスで唯一、ナイフで刺されたことがあるサブリーダーも、心の中ではナイフ反対の思いが優勢だと思うのですが、リーダーに対しけっして逆らわないと決めているからか、この意見に反対しています。

実は、かつてそのナイフを刺したのはリーダーそのものなのでした。しかし、それはサブリーダーが自ら暴力をふるった報いであるとクラス内での正悪の評価は決着済みです。そして、その唯一のナイフ事件があった、直近で最大の抗争事件後のクラス運営は、悪い奴を懲らしめるためなら、現実的施策として、ナイフの力で、クラス運営を進めていくことが正しいことであるということになっているのです。

おもしろいことに、手もつけられない例の悪ガキは、この規則の採択には賛成していたのでした。リーダーたちも含めて、みんなでナイフをもってこないようにしようということになら賛成だと言うのです。みんなが徹底的に嫌う悪ガキですが、私はこの考え方だけでなら、リーダーたちより、よほど正しいのではないかと思っています。

こう見えても、最近は良くなってきたほうで、以前は、暴力の強い者たちが、その力そのもので公然と植民生徒を囲い込み、勢力を競い合っていたのでした。かつては、サブリーダーなども、先行組から少し遅れて、その支配者グループ（帝国グループとも呼ばれていました）に入ることを目指していたように思います。けっこう、あちこちの植民生徒を手なずけ続けるコストも馬鹿にならないものですから、また、そもそもどう考えても露骨に悪行が見え見えの行為ですし、また、もちろん、植民生徒たちも黙っていませんでしたから、当初のうまみを得た後、最近は、だれもやっていないようです。

また、このクラスの歴史は暴力事件の繰り返しでもありました。そして、グループ対抗の大きな抗争事件が二度もありました。これらの事実は、力のある者が、その力によって、主導権を取り続けてきたという、このクラスの体質、歴史が原因なのでしょう。事件が収まる度に、この暴力による支配の仕組みをあらためようとみんなで反省してきましたが、また、先述のようにクラス連合というようなものを作ったりもしてきましたが、いまだに暴力はなくなりません。

結局それは、ナイフ使用を含めて暴力というものは絶対に悪いことであるということを認めずに、大義があり、抑止力という名にしてしまえば、いざというときにそれを使っていいものだという考え方が、相変わらずクラスの総意だからだと思うのです。

自由だ、民主主義だと言いながらも、ナイフという抑止力、悪そのものである暴力という力で支配していくという、その構造が昔からなにも変わっていないからだと思うのです。

主流派は力による抑止策を現実にいる悪ガキのためにやむをえないと言っていますが、それは間違っていて、むしろ、現実に彼らがそうし続けているから、憎しみの連鎖で、その暴力に歯向かう悪ガキが後を絶たないという状況なのです。そこにいる悪い奴の存在という現実が、正しく考えさせることを阻むのでしょうか。外から客観的にこのクラスを眺めてみれば、この暴力という悪がはびこるメカニズムの構造は明らかなことなのに、です。

先の抗争でサブリーダーは、自ら暴力を仕掛けたあげく、学級委員長にコテンパンに打ちのめされ、最後にはナイフで刺され、完全な負け組になったのですが、そのとき今後絶対に自らは暴力を振るわないと誓いを立てました。自分だけが暴力を振るわないでは、クラスの平和は実現しませんから、同時に、クラスの平和を誠実に希求していくということも誓いました。間違いなく、かつてのサブリーダーは、クラスの平和を指導していく立場を目指していける生徒なのでした。

そう、彼は、昔から心根の優しいとてもまじめな生徒でしたから、先の抗争後は、心の中で常にさまざまな思いによって葛藤が繰り広げられてきたのでした。暑い季節になる度に、あのナイフで刺されたときのことを思い出し、このような悲劇が二度と繰り返されないようにと祈ったり、いくつもの暴力反対劇やイベントを作ったりと、地道な活動も続けてきました。再び過ちを起こさないようにと、その経緯や付随する周辺の出来事をくよくよ反省することもしきりです。ほんとうは、そんなことはどうでもよく、ただ、暴力をしたこと一点だけを反省し、未来志向でみんなにも非暴力を説くということだけをしていればいいのに、です。まだ、自分のやるべき、そのほんとうに大事なことに気づいていないのか、見ていてもどかしいばかりです。

それればかりか、彼はリーダーの力の政策を常に支持していて、特に最近は、かつて自らが述べた誓いの言葉が許してくれる限り、いざというとき、集団的に一体となってどれだけリーダーの応援ができるかまでを、考えるような生徒になってしまっているのです。

また、彼は左手にメリケンサック（護身用チェーン）を装着していて、他人からの攻撃を防御する盾にしています。利き手ではないので大した力にもなりませんが、使いようによっては攻撃道具になることは間違いありません。もちろん、彼の誓いの言葉は、クラスの平和を誠実に希求するですから、すなわち、だれもが攻撃道具をもたないクラスを目指していこうですから、攻撃道具をもってしまっているということで、その誓いの精神には厳密に言えば反しています。しかし、例の悪ガキが隣の席にいるわけですし、しかも現実は、堂々と抑止力、すなわち、正義の暴力というものの存在が認められているという、正論が正論として通らないクラスなのですから、たしかに、今、はずしてしまうわけにはいきません。私もそれでいいのだと思います。このクラスをあらためてよく見れば、当たり前のように、学級会などで発言をするような有力な生徒たちは、だれもが身になにかしらの攻撃道具を装着しているのですから。

ただし、だからといって、そのメリケンサック装着の正当性を、サブリーダーが自分の誓いの言葉に堂々と加えてしまおうという考え方はいかがなものでしょう。実は、サブリーダーは、最近、誓いの言葉を見直そうとしているようなのです。たしかにメリケンサックは、いざというとき前線でもっとも危険にさらされるお役目ですし、日頃の力仕事でも働いてくれるものですから、いくらそのお仕事に感謝とリスペクトをしてもしきれるものではないのでしょう。でも、そうだからといって、それとこれとはまったく関係はないのです。

彼の誓いの肝は、クラスの平和を誠実に希求する、すなわち、そこを目指すように汗をかいていきますという、その姿勢について述べている、まさにその部分であるのでしょう。そして、これは大変崇高で、すばらしい宣言です。ですから、ぜひとも、今後とも、それを規範として行動してほしいのです。だから、けっして、誓いの言葉に、その文言に矛盾する文言を加えてほしくないのです。誓いの言葉に忠実な行為をし続けることによって到達しようというその先の最終ゴールの状態では、メリケンサックは必要ないものになっているのですから。せっかく、そのように汗をかいていきますと、クラスのみんなに誓ったのですから。

かつての誓いの言葉の作成に際しリーダーの強い押し付けがあったのだから、それを理由に見直すべき、「改」めるべきであるという意見や、逆に、とにかく、その誓いの言葉のおかげで、その後なんとか諍いに巻き込まれず無事に生活できたのだから文言はなにひとつ変えてはならないのだ、「護」っていかねばならないのだ、などという意見は、いずれも本質的には誤っているのだと思います。

　でも、そんなことはどうでもいいことです。誓いの「内容」として、今、どうあるべきかだけを、考えたければ考えればいいという、それだけの話なのだと思います。サブリーダーの誓いの言葉論争などいくらやっても、このクラスは平和にならないのですから。そもそも、時代にそくして誓いの言葉を変えていくべきなのか、彼の行動こそを誓いの言葉に合わせるべきなのかどっちだ、という問いの立て方自体が無意味なのであって、彼はただ、正しいことを誓いの言葉にすべきであるし、正しいことを行動すべきであるだけなのですから。

　とにかく、サブリーダーは今までずっと、彼の行動規範として、当時の自戒の誓い、未来志向の平和への誓い、を大事にしてきました。しかし、最近は、今話したようにメリケンサックの存在価値やその正当性を文言に加えようだとか、もう少し普通の生徒くらいに暴力を振るえるような文言に変えてしまおうだとか、というように、微妙に心が揺れているようなのです。他の友達を見ても自分の身は自分で守るのが普通の人間の権利だし、そんないつのことかわからないクラスの平和ということよりも、ましてや今は隣に危険な奴がいるのだから、まずは自分の安全が大事で、主流派の友達と仲良くすることが大事で、なにを寝ぼけたことを言っているのだという、心の奥底の「普通の人間」の悪のささやきに、すべての良心が吹き飛ばされてしまいそうなのです。とても心配です。また、とても残念です。

これは高校のあるクラスでの話ですから、最大でも三年限りということなのですが、もし、これが、サザエさんの世界のように、毎年毎年進級がなく、永遠に続くクラスと考えればどうでしょう。なんとか、根本的にこの暴力ありきの進め方を変えようと、だれかが立ち上がるべきである、と思いませんか。当のクラスの生徒たちにはわからないのかもしれませんが、外から見ればわかることなのではありませんか。

暴力のないクラスを作ろうと思えば、それは、まず、どんな大義があったとしても暴力というものは絶対にしてはならない悪いものだと、クラス中みんなで認め合うことから始めなければなりません。そこでは、やられてもけっしてやり返さないということが正しいことであると認められていなければなりません。だから、だれもがナイフはもちろんのこと、攻撃する道具をひとつも所持していてはいけないのです。

その姿こそが理想のゴールであり、どれだけ時間をかけたとしても、そのゴールの状況をいつかは実現させよう、目指していこうとみんなで誓い合うことだと思うのです。そして、そのゴールの姿かたちは、そのときみんなが理想と思い描いたところから一ミリたりともぶれさせてはならないのです。

それでも、人間は弱い動物で、悪の心が芽生えることもあり、つい暴力を振るいたくなるのかもしれませんから、抑止力は必要です。でも、それは、けっして、各自が抑止力といってナイフやそれに準じる攻撃道具を備えて、それぞれの喧嘩、私闘で解決していくということではないはずです。生徒同士が力を競い合い、憎しみを増幅し合い、暴力をやむをえないときには使ってもよい最終手段だと認めている限り、そのクラスから永遠に暴力を追放できないからです。ですから、抑止力は公の機関が担うべきなのです。ここでは、風紀委員が見張り役となり、クラス連合の人たちがなんとか抑え役にまわるべきなのでしょう。場合によっては、「力」づくでも、です。クラスで選出された人たちからなる公の組織ですから、彼らにこそナイフ使用の管理権限を与えるべきだと思うのです。

どう理屈をつけて考えても、ただの一生徒がナイフを学校にもってきてはいけないのです。人を傷つける道具はなにももってきてはいけないのです。まずはそれを理想として掲げましょう。しかし、例の悪ガキが、すぐにナイフをもってこなくなるとはとても思えませんし、リーダーたちがナイフをもってくれていることで、今まで、なんとか、クラスの安全が保たれてきたということもまぎれのない事実ですし、今はまだ、クラス連合の人たちにはなんの力もないのですから、理想をすぐに達成しようとしては、やりすぎになってしまいます。

ですから、その理想にいつか辿り着くために精一杯の現実策を探るべきです。そのプロセスを追求していくことこそが正しい現実主義です。そして、それはけっして理想主義といって馬鹿にされることではありません。この話題の中では、理想と現実という言葉を、今、私が使ったここでのこの表現だけに限定されるべきであって、他の場面では絶対に軽々しく使わせないように注意すべきでしょう。わざわざこんなことを言うのは、理想と現実という言葉で正義をごまかそうとする生徒が大勢いるからです。

　では、その現実策ですが、それは、最近、各生徒の攻撃力強化姿勢があまりにも目立つので、とりあえずは、これ以上は頭打ちにするということにして、これから少しずつ危険な道具を減らしていき、徐々に理想に近づいていきましょうくらいから始めることなのでしょう。そして、その減らしていく道具を少しずつクラス連合にもたせていけばいいのです。平和に対し、理想に対し、絶対に後退しないこと。それだけは、なんとしてでも実行してほしいと思うのです。そのためにも、全生徒でその誓いを宣言するという機会をつくってほしいと思います。そうすれば、このクラスは、絶対に、今より危険度が増すことはなく、絶対に、いつか必ず理想に到達できるはずなのです。現実論で、みんなで協議をしながら、その進み具合、ペースというものだけを決めていけばいいのです。
正しいことを理想として掲げ、現実的な方法でそこに向かうこと、これこそは当たり前の、普通のやり方でしょう。けっして理想主義すぎるとの言い方で揶揄される行動ではないはずなのです。

人間は賢いものだから、いつかは、そんなふうになっていくよ、と思っているのかもしれませんが、現実はそんなに甘いものではありませんよね。だから、クラスの中のだれかが、強い覚悟をもって、このようにしようと今の流れを変えなくてはならないはずなのです。

生徒間関係のやり取りをする、いわゆるクラス内外交というお仕事に手腕を発揮するために必要な能力は、したたかさ、狡猾さ、戦術の巧みさ、などと思われているのかもしれませんが、このテーマに限って、クラス内外交を取り仕切る人物としてふさわしいのは、それは、ただ、ひたすら、ど真ん中の道徳を説く「至誠の人」だと思うのです。

そして、それができるのは、このクラスではサブリーダーだけでしょう。

実は、ここまで客観的にこのクラスを見、この話を進めてきた私は、このサブリーダーの父親です。彼の歴史、育ち、人格形成のもとは、すべてがこの私です。ここに至って、このクラスをよくするためには、私が彼の背中を押すしかないのだろうと思っています。

彼には、心に潜むさまざまな考え方をひとつにまとめ、覚悟を決めて、このクラスから暴力をなくすために立ち上がってほしいと思います。簡単なことではありませんが、勇気をもって、リーダーにも言うべきことを言い、どんな場面でも、暴力廃絶だけを唱え続けるのです。そこは頑固一点張りで通せばいい。クラスの良識ある友人は、いつかは味方になってくれることでしょう。時間をかけて、着実に仲間を増やしていき、その良識チームのパワーで、リーダーから不良たちまでのひとりひとりを説得するのです。そこまでいけば、あとはもうすぐです。ついには、みんなで理想を誓い合うところまで辿り着けることでしょう。そうなれば、リーダーも、主要メンバーも、もちろん、例の悪ガキも、これ以上意地を張ることもなく、ゆるやかなペースではありましょうが、やがては、ナイフを手放し始めてくれるのだと思うのです。

人間にとって自由と平等がもっとも大切な価値観であることは間違いのないことです。勉強を頑張った生徒、スポーツに成績を残した生徒が、相応の評価と重要な役割を得て、希望の進路を勝ち取っていくのでしょう。言葉は悪いですが、基本的に、自分が良くなりたい、自分だけが良ければいいと、自由に素質と努力の結果を競い合えばいいのだと思います。機会平等さえ守られていれば、さまざまな格差がついていくこと、それぞれに特別扱いを施すことなどを容認しなければならないのでしょう。

ただし、ここで人間は間違いを起こすのですが、暴力をなくそうなどというまさに道徳のど真ん中の話題では、この理屈はまったく成り立たないのです。むしろ、この考え方を押さえ込まねばならないとまで言いたいくらいです。暴力をしてはいけない、けっして他人を傷つけてはならない、という、絶対にしてはならないは、絶対的な道徳ですので、普段正しいことをしている優等生グループに入っているからという理由だけで、第一優先として自分たちだけは暴力の被害に遭わずに安全であっていいのだ、という、そのことの正当性だけを主張させて、あげく、正義の暴力だと、その使用を許して、彼らを特別扱いしてはならないのです。たとえそれが、民主的な手続きを経てのことであったとしても、です。自由自在に、力をもつ優等生たち自身が暴力の使用について決めていいものではないのです。民主主義も自由主義もなんの関係もなく、道徳が言う「絶対に、○○はいけない」の前では、ならぬものはならぬのです。

また、リーダーたちは、クラスの平和と安全のためにと口では繰り返し言っていますが、ほどほどに実家のナイフなどの道具工場が潤うようにと、暴力で挑んでくる敵を誘っていると言われてもしかたがないのだと思います。そんなことを言ったら、だれのおかげでお前が安全にくらせているのだとリーダーに叱られてしまうと、息子などは私をたしなめるに違いありませんが。

そう言えば、自分からはけっして暴力を振るわないと誓っていて、か弱い「力」しかもたない我が息子は、現実、この危険極まりないクラス状況の中、安全に生活していくために、リーダーに、なにかのときには助けてもらうという直々の約束を取り付けているのでした。それはそれで、彼にはいくら感謝してもいいでしょうし、むしろ、まだまだお礼が足りないくらいなのかもしれませんが、そのこととこのクラスでの「正しいこと」「道徳が求めること」とはまったく関係はありません。息子は、ことさらに、守ってもらっているということに対してリーダーに引け目を感じることもないのであって、堂々と言うべきことは言うべきなのです。このアドバイスこそが、今回、息子の背中を押して、このクラスを平和に向かわせるという私の責務の中での、最大のポイントになるのだと思っています。

今、このクラスでは、いくら悪ガキにであっても暴力を振るうことはよくないと、真正面からリーダーに正論を言おうものなら、その生徒は、必ず、なにをとぼけたことを言う、そんなことを言っていたら悪ガキにやられてしまうだけだぞ、そんな寝ぼけた意見はこの状況が落ち着いてからにしてくれ、現実をよく見て今やれることをしっかりやってくれ、と言われてしまうのだそうです。ほんとうにそうでしょうか。こういう状況であるからこそ、現実的に今やるべきことが、本質的に平和に向かう議論を行うということなのではないのでしょうか。絶対に、今がまさに、この荒くれたクラスから根本的に暴力を追放するために話し合うべきときのはずなのです。もちろん、正論を言った生徒は、その勇気を賞賛されることはあっても、臆病者だとか、平和ボケだとか、売クラス奴だとかと馬鹿にされる筋合いはないはずです。

どんなに悪いことをした子供でも、生徒間の暴力という手段で粛清されていいわけがありません。攻撃をする側も傷つきます。周りの生徒もとばっちりを受けて傷つきます。いい加減、そろそろ、だれもがそんなつまらないことで傷つかないようになればいいではありませんか。

リーダーや主要メンバーが、裏で大変頑強な仕組みを作り続けていて、互いに競い合うように権力の維持に精を出していることはわかっています。また、お互いの家庭の経済力そのものやその実態が巧妙に暴力支配構造に絡みついていることもわかっています。

一方、この民主的で自由なクラスというその中で、また、それなりに主流派にくっついている生徒間ではうまくいっているという安泰の空気感の中で、この状況を、現体制下での定常的な会議体を経てのルールや仕組みの制・改定によって打破できるわけがないということも明らかなことなのでしょう。

だから、みんな心の中でこの状況をやむをえないとあきらめているのでしょう。あきらめているというより、大方の生徒はこれが問題であるということにも気づかず、自分が安泰なのだからとりあえずこれでいいやと、のほほんとしているのでしょう。

しかし、この分野における自由気まま、成り行き任せ、という状況は絶対に道徳が許さない。

そして、正しい方向にこのクラスが進んでいくためには、だれかが、まずはたったひとりからでも立ち上がらなければならないのです。

暴力をなくそうという言葉だけなら、主流派からも、どの派閥でもない物知りグループからも、なにかの機会ごとに、必ずだれかの口から発言されてきました。また、かつての抗争事件を研究し、その原因や特徴をわかりやすく解説してくれる生徒もいます。ナイフ戦術そのものや経済と暴力の絡みつきに詳しい生徒もいます。そして、「しかたがない」で済ませていてはいけないのではないかと、クラス内に疑問を投げかけ、啓発しようとしている生徒もいます。

しかし、彼らはいつもそこまでなのです。結局彼らは、建前で言っている「暴力がないクラス」などということより、自分の立場の方が第一優先なのです。すなわち、権力を振るってクラス内のどこかしこに影響を与えられているという立場、物事を正しく理解していてクラスの尊敬を集めているという立場、とにかく、世の中の本流に逆らうことさえしなければ、そこにいることが許されているという、一番安全で、一番居心地のいいところにい続けられるという立場、が大事なのです。

ということですから、残念ながら、心から、本気で、このクラスから暴力をなくしてやろうと考えている人は、だれひとりいないということなのです。

私は、この言葉を公然と人前で言うことを恥ずかしいことだと思っていましたが、このクラスでは、リーダーも我が息子も含めて、みんなが自分ファーストという言葉を、堂々と言い合うようなのです。結局は、クラスの平和などということより、だれもが自分のことだけを考えて行動しているのです。

やはり、このクラスから暴力をなくそうとするのなら、絶対に、だれかがたったひとりからでも、正義を始めなくてはならないのだと思います。

もちろん、その彼は、事を成就させるため、賛同者を次々に得続けねばなりませんから、日頃から正しい道徳を常に実践している真の平和へのリーダーたる人間であらねばなりません。

それをやりきれるのは、やはり我が息子だけなのだと思います。過去の歴史や、今取り交わしている約束事のために、また、自分自身の安泰のためにと、今まで不本意ながらリーダーに媚び続けてきましたが、今こそ本心にある至誠を前面に出して、クラスを平和にするために立ち上がってほしいと願うのです。

考えてもみてください。このクラスは、リーダーや悪ガキたちがナイフをちらつかせているだけでなく、ちょっとした普通の生徒からして、鉄扇やらメリケンサックやら、なにかしらの武装をしているのです。その上、みんなさらなる勢力増強をと、目をぎらつかせているのです。その景色だけ見ても十分にものものしい雰囲気でしょう。この状態のどこが「暴力をなくそう」なのでしょう。

架空の物語から離れ、現実世界に戻って、世間で荒れていると言われるようなクラスを覗いてみても、ここまでのひどい武装状況は見られないように思います。そう考えれば、このクラスの暴力準備態勢に例えられているのは、現実のこの世界での戦争への軍備状況に他ならないのですから、みなさんは普通の国がやる普通のことだと思っているのかもしれませんが、それがどれほどひどいレベルなのかと、もう少しは考えてもいいと思うのです。

サブリーダーは、鉛筆、消しゴムなどの他、たくさん勉強したことを書きこんだノートまでもを、長い間、隣の席の悪ガキに拉致されています。取り戻そうと、要求を繰り返してきましたが、最近は、まったく話しすらできない状況です。これまでも、表や裏で、数々の交渉、かけひきを行ってきたのだとは思いますが、一度、ほんの一部を返してもらったことがあったにすぎません。

これは、だれがどう考えても絶対に悪いことでしょう。そうだとしたら、彼にそれを悪いことだと認めさせない限り全面解決はありえないのではありませんか。圧力をかけることやかけひきなどで、力づくで取り返そうとしても限界があると思うのです。息子たちは、彼をクラスから追放、抹殺するということまでを考えない（当然そうであるべきだと思いますが）というところで、かけひきをしているだけですし、また彼は、本件を、自分勝手に悪事を進めるための交渉カードのひとつとしてでしか考えていないから、です。だから、かけひきの落としどころまでしか解決しないのです。彼には、心からそれを悪いことだとわかってもらい、その上で、すべてを返してもらわなくてはならない、と思うのです。

サブリーダーにとっては拉致問題は大きな懸案事項なのですが、なんと言っても、このクラスの最大の課題は、この悪ガキの暴力姿勢です。クラスとしては、この問題の解決こそに全力を注ぐべきなのでしょう。

悪ガキに対して、追放、抹殺という手段はとらないのですから、彼には、絶対に、暴力行為そのものに心から反省してもらわねばなりません。そのためには、たったひとつ、道徳を説くというやり方で彼を更生させるしかないと思うのです。武装に基づく脅しやかけひきや仲間外れ施策などの「力」づくのやり方でいくら彼を追い込んでも、彼が心を入れ替えることはなく、せいぜい妥協を伴う落としどころまで、当面おとなしくなるだけだからです。

このクラスでも学んでいた、あの道徳の授業を思い出せばいいのです。暴力をしてはなりません、と悪ガキに告げましょう。そして、よく、彼の言い分にも耳を傾けてあげましょう。おそらく彼は、それならリーダーはどうなんだと言い返してくるのでしょう。そうくれば、待ってましたと、リーダーにも同じことを告げればいいのです。

悪ガキとサブリーダーの間でだけで起きている拉致問題を解決しようと考えること、さらに広げて、悪ガキがクラス全体に対して暴力姿勢であるという問題の解決を考えること、いずれに対しても、結局、根本的解決を目指そうというなら、力づくの戦略的施策で落としどころを狙っていくというやり方ではなく、真正面からの道徳的説得で悪ガキの心を入れ替えさせるしかない、ということなのでした。それなら、いよいよ、もっと大きく広げて優等生ら主力グループまでをも巻き込んでこのクラスから完全に暴力を絶滅させようと考えることはどうなるというのでしょう。

私はそれもまったく同じだと思うのです。

政治力や権謀術数の限りを尽くし、ずる賢い人たちでバランスをとっていくという進め方では、根本的にはなにも解決できません。また、例えば、リーダーと例の悪ガキが対峙して、意地の張り合いや交渉ごとをいくら行ったとしても、その結果として、妥協を伴う落としどころに落ち着かせるだけなのだとしたら、それは、当面の安心を得られるだけであって、このクラスの平和へのプロセスには、なんの役にも立たないことなのだろうと思うのです。

「だれもが、悪いことだから暴力はいけないと考えられている」という根本的なところでの解決がない限り、このクラスから暴力がなくなることはないのです。これは、平和への絶対条件です。今まで、こうでなかったから、このクラスから暴力がなくならなかったのです。

だから、どう考えても、結局、このクラスから暴力をなくすためには、「力」の限りを尽くすのではなく「道徳」そのもので平和を導いていくことでしかないのです。暴力を振るおうとする者すべてに対して、暴力がいけないことだとわからせ、認めさせ、反省させるしかないのです。

そして、それは、根本的にクラス全体での暴力廃絶を目指すということなのであり、当然のこととして、同時に、そのことによって悪ガキの暴力姿勢や拉致問題をも解決に導くことができるのです。

最後に、学級新聞などのさまざまな情報コンテンツを作っている広報部のお友達にお願いです。ぜひとも、息子が立ち上がった暁には、その意見がクラスの隅々にまで行き渡るよう、全面的に応援をお願いしたいと思っています。そして、その息子の意見が正しいと思ったら、それが実現するよう、主流派への働きかけなど、その具体的な活動をお願いしたいと思っています。

今、わき目も振らずに明確な目標をもって勉強やスポーツに打ち込んでいる人たちがいます。また、日々の生活に精一杯な人や、そもそも、クラス全体のことにどうしても関心をもてない、エネルギーを割けない、そのような生まれつきの人も大勢いるのだと思います。だから、クラスの全員で立ち上がれなどと、そんなことを言っているわけではありません。でも、勘違いをしていて、のほほんとしている普通の生徒ならたくさんいるではないですか。もちろん悪いことだとは思いますが、クラス内での二股男女交際や権限をもつ者への忖度のあれこれをとやかく追求する余裕のある生徒ならたくさんいるではないですか。

そうであるなら、人が傷つくという絶対にあってはならない暴力という悪を堂々と操る人たちが間違いなくこのクラスにはいるのですから、彼らにこそ、真正面から注意してやりましょうよ。これからサブリーダーが発してくれるだろう主張を軸にして、良識ある大勢の生徒たちの意見をひとつにまとめて、です。それが、クラスの意見をくみ取り、まとめ、伝達し、クラスの流れを決定づけてしまう広報部の、今やるべきほんとうの正義なのではありませんか。これまでを見ても、クラスが歩んできた歴史そのものは、あなたたち広報部がリードしてきたのですから。

架空のこのクラスから暴力をなくそうという物語は、現実のこの世界から戦争をなくそうとする物語とまったく同じです。

私が息子にこの話をした頃から程なくして、彼は立ち上がってくれました。そして、その三年後、このクラスから暴力はなくなりました。

どんな小さな会議の場面でも、またどれだけ孤立無援で苦境に追いやられることがあっても、彼は折れることなく「暴力は絶対にいけないことだよね」との正論を言い続けた結果、一年後には理解を示してくれる友達が現れ、その後、雪崩を打つように正義の輪が広がったのでした。

その後、例の悪ガキが納得し、続いて、リーダーたち主要メンバーとの大討論会で、すべての流れは決しました。その勢いで平和を誓い合う会議が開催され、全クラス員が理想のゴールを確かめ合うところとなり、ここまで到達しさえすれば、あとはゆっくりのペースでもいいと思っていましたが、そこからは私の予想をはるかに上回り、瞬く間に次から次へと各生徒が攻撃道具を家庭にもちかえったのでした。

そのとき、リーダーたちが特別にもつことを許されていたナイフも含めていくつかの攻撃道具は、必要な分だけを風紀委員が回収していて、それらを今はクラスの抑止力に利用しているようです。クラス内各所でバランスよく抑止していくため、主要メンバーを含めた多くの生徒には、引き続き、再配布された攻撃道具を自席に置いてもらっています。が、もちろんのこと、それらすべての攻撃道具は、クラス連合の人たちが公の立場として管理してくれているのです。

広報部の支援も大いにこの流れを後押ししてくれたのでした。やはり、なんだかんだと張り合っていても、リーダーたちは、結局は広報部の言うことをいつも気にしながら行動していたのです。


今後も、腹が立ったからと殴りかけてくる生徒は出てくるのでしょう。このクラスは平和主義には変わりましたが、けっして無抵抗主義になったわけではないのですから、これからもやられた瞬間には、それぞれの生徒は再配布されている攻撃道具を使って、やり返せばいいのです。急迫性さえ認められれば、管理監督責任者であるクラス連合の了解も必要ないのでしょう。当然、正当防衛は、許されるからです。

絶対に暴力はしないと道徳を貫き通す無抵抗主義の尊さは認めますが、まさに殴られようとしているとき、まさに殴られたとき、そのままやられ続けて信念を死守せよ、という生き方は、やはり、人間は不完全でこれからも暴力を使おうという弱い人間があとを絶たないことを認めざるをえない現実から見て、ありえないことだと考えるからです。賢明な選択だったと思いますが、このクラスもそこまでの決心はしなかったようです。だから、逃げてもよいし、殴りかけてきたその手の付け根に向かって殴り返していいのです。

もちろん、暴力を受けたからと、その復讐として、その数時間後に暴力でやり返そうという行為は絶対に許されません。それこそ、それは自衛暴力と言われるもので、かつては、正義と認められていたようですが、このたび廃絶しようと誓い合った暴力そのものであるからです。

また、もちろん、サブリーダーは、拉致されていたノート、鉛筆、消しゴムなどのすべてを隣の悪ガキから返却されました。昔、リーダーにお願いして、大きな声で非難してもらうなど、なんとか返却してもらおうと頑張っていましたが、やはり、そんなことをするより、最初から、根本的に、クラス内平和を目指す行動と並行して、本人に直接、正しく生きるという道徳を教えてあげればよかっただけなのです。回り道をしましたが、とにかく解決してよかったと思います。

もちろん、リアル社会での戦争を絶滅させることと、架空の高校のひとクラスから暴力を絶滅させることとを同じように考えるわけにはいきません。このクラスの生徒数は、この話の例え方からも、今の世界の国の数である約二百だとして、それで暴力絶滅に三年かかったのですから、七十億人を超える人口のリアル世界が平和を達成させるのには何年かかることなのでしょう。数百年かかるのかもしれません。

しかし、このクラスと同じように、雪崩を打つように、はあるかもしれません。初動の苦労さえ乗り越えられれば、と希望をもつことはできると思うのです。

そして、道徳的に「正義」を行うということだけで、このクラスは変わったのですから、必ず、リアル社会も同じように、道徳的に「正義」を行うことによって、必ず変えられるのだろうと、強く思うのです。

どうでしょうか。現実の世界は、こういうふうになっていて、それで戦争をいつまでもやめられないでいるのです。そして、このクラスのように取り組むことでしか、戦争はなくならないと思うのです。

そう、サブリーダーが、心の中のさまざまな思いを「正しいこと」一本にまとめ上げ、立ち上がったように、さまざまな意見が氾濫している中でも、日本人が「正論」でひとつにまとまり、日本という国が世界に平和を説いていけばいいのです。

どうでしょう。そんなことになるわけがないとあなたが決めつけている世界平和を本気でつかむ方法も、このクラスの話から、やりようによればあるかもしれないと気づいていただけたのではありませんか。

そもそも学校には道徳の授業があって、「暴力はいけない」との認知があらかじめ浸透しているという設定だから、この話はうまく進んだのであって、現実社会では、なかなかそううまくもいくまいと、この世界での平和の実現に疑問をいだかれたのかもしれません。

しかし、だからといって、世界平和をあきらめようとでも言うのですか。けっして、そうではないでしょう。だから、私は、まずは、この現実社会においても正しい道徳の浸透を目指すこと、すなわち「戦争はいけない」とマスコミや知識人たちが、あらゆる機会を作って、私の本でも利用して、執拗にくどすぎると言われるまでに、その道徳の認知を徹底的に進めるということを求めるのです。このクラスとリアル社会の違いがそこだと言うのなら、今すぐそこから始めましょうと呼びかけているのです。日本人ひとりひとりの心のもちようを変えることから始めなければならないと、まさに、私は、ここまで繰り返し訴えてきたのです。

私たちは、「戦争はいけない」を言葉だけで遊ばせているのではなく、その本質のすべてを理解しなければならないと思うのです。さらには、その本質を覆い隠している偽善や、ごまかしや、勇ましい人たちでつくり上げてきたルール、慣習、社会システムの数々をも解明していかなければならないと思うのです。

残念ながら、たしかに、現実はそのようではありません。たしかに、リアル社会がこのクラスと同様のハッピーエンドを迎えるためには、このままではいけないのでしょう。だからこそ、この現実社会での世界平和という道徳の本質の理解度が、せめてこのクラスの、改革スタート時の、暴力のいけなさの理解度レベルくらいには追いついていくように、まずは、私の二冊の本に書いた内容を、広く日本中に染みわたらせたいのです。

私は、世界平和への道筋を示し、それだけでなく、その道筋が現実的にありうることだということを明確にすることによって、みなさんの心もちを変えるということも現実にありうるはずだと信じて、本を書きました。二冊を読んでもらえさえすれば、必ず思いが届き、日本人は変われるはずだと考えたのです。

だから、やはり、日本は、やがてその空気が一変し、そのあとは、このクラスのサブリーダーと同じやり方で、世界を平和に導いていけると思うのです。

もう一度、みなさんに問いかけたいと思います。

みなさんの直感は、この話を正しいとは認めてくださいませんでしたか。

どうでしょうか。冒頭、ぼんやりとした考えしか思い浮かばなかった方も、明確に気づけたのではありませんか。


お願いです。

あなたが、今、目一杯なにかに打ち込んでいるか、逆に、世の中にまったく無関心あるいは生きることに精一杯で、「戦争がなくなればいい」との考えが日常まったく思い浮かぶことがないという状況でさえないのなら、どうか、私の本『これで世界は平和に向かう―吉田松陰の魂とともに日本の安全保障を考える―』を読んでみてください。


そして、周りで話題にしてください。

そして、一緒に世界平和に向かっていきましょう。

私たちは、戦争をなくすために、心のもちようをどうしていけばいいのだろうか
―道徳的に考えるということ―

すべての人が、公のことに心をくだけるわけではないのでしょう。しかし、かなりの人数の方が、生活以外のことにも少しは目を向けられるというような普通の人たちなのではないでしょうか。

不寛容社会とまで言われている昨今の日本では、すぐにたいしたことでもないことに腹を立て、その気持ちをある一方向にだけ尖鋭的に傾かせ、仲間内で情報を拡散させ、激しくアウェイサイドの人たちを責めたてようとする、そういう人たちが多すぎるように思います。私は、それらの方々を含めた、一般の、普通の、大勢の人たちに対して、もう少し公の大変な問題に心を向けてもらえたらと、残念に思っているので

す。

さて、この地球上には、その公の大きな問題がたくさんありますが、実は、私は、どうしても、世界の貧困問題を、自らも参加して解決しなければならないことであると実感することができません。途上国に対して、インフラを整備することや、衣食住のなにかを援助することや、教育普及のため学校建設や教科書支給を応援することなど、恥ずかしながら、今までそのようなことに寄付をしたことがありません。

それは、一般人が個人的に立ち上がる話ではないと思うからなのです。それは、とても立派なことではあるけれども、莫大なコストとパワーがかかることで、公の力で解決していくしかないと考えるからなのです。できることならできるだけ支援して……、と、「そうすることはいいことだということが明確」になっていて、あとはだれがどれだけの量をすればいいのか、という、そういう問題だけだと思うからなのです。

それでは、「世界から戦争をなくそう」という問題はどうでしょう。戦争と経済とは複雑に絡み合っていますから、この解決にコストがかからないという言い方は、純粋には間違いなのでしょう。また、今までの人間の苦闘の歴史を振り返っても、解決に向かってはこれから多くの労力が必要となることなのでしょう。が、そういうことなのではなく、この問題の解決には貧困問題にかかるのと同じ意味合いでの莫大なコストとパワーはかかることがないと思うのです。それは、世界の人々の考え方を変えるだけで解決できるから、という理由で、です。そして、今は、先進国のほとんどの人の頭の中が、まったくといっていいほど、この問題に関しては、「正しく考えられていない」「こうすればいいということが明確になっていない」と言えるからなのです。

すなわち、貧困問題の解決に向かって個人で立ち上がることが無力でむなしいことになってしまいかねないのに対して、戦争をなくすという本問題では、正しいことに気づいた人が、それがたとえ一個人であっても、みんなにそう考えるべきであると呼びかけるということが、大いに、意味をもつことになるのではないか、と言いたいのです。こんなに、世界中での道徳的認識レベルが、ひどすぎるという今の状態であるのなら、です。

そこで私は、この問題でなら、個人的に立ち上がって「本」という形で主張を示し、それで多くの人の考え方を変え、みんなの夢である世界平和に向かっていくという方向付けに貢献できるのではないか、と考えたのです。

みんなが気づき、正しく考えられるようにさえなれば、戦争はなくなるのではないか、と考えたのです。

政治家や有名な知識人などの力のある方が同じ意見を発信すれば、瞬く間に広まって、すぐにでも解決し始まるように思うのですが、残念ながら、力のない私がそれを試みても、なかなか簡単に進むものではありません。とはいえ、私は立ち上がりました。先ほどお話しした、大勢いらっしゃるはずの、一般の、普通の、日本人のひとりひとりの心のもちようを変えることができればと、強い思いをもって立ち上がったのです。

私には、最近の日本人が、あるときは自らが感情的になり、またあるときは他人の技巧的テクニックに惑わされるというようにして、結局は、正しいことと悪いこととの違いを本質的な観点で見ずに、ただ雰囲気に流されているだけのように思うのです。だから、たったひとつの大切な、根本的な道徳である「戦争のいけなさ」が見えないのです。

多くの行動が、自分たちの立場や都合を優先して、であるとか、自分たちが感じる妬みと恨みを晴らすということを優先して、であるとか、スカッとする手っ取り早い方法を優先して、であるとか、大勢の人がなびいているその空気を読むということを優先して、であるとかに基づいているとしか思えず、残念でなりません。

ちなみに、ビジネスの世界でも、かけひきの優劣や、硬軟のバランス感覚に優れた交渉術や、コミュニケーション能力や、アピールということだけのプレゼン能力や、さらにはワンシートにまとめる技術であったりと、それらのテクニックばかりが重要視されすぎることに、また、その結果で力と技をもつものが勝ち続けるということに、私は違和感をおぼえるのです。

私たちは、もっともっと、その行為の本質的なところで、かつ、その行為の目的であるというようなところを、しっかりと、見るべきであろうと考えます。

本質が見えていないということでは、外交上の交渉ごとに際して、私たちは、それが正しいか正しくないかで考えずに、ただ、国の誇りや面子が踏みにじられることがないよう、国際舞台での発言力や権勢の維持だけにこだわっているように思うのです。

そもそも、慰安婦像が建とうが、建つまいが、それにいちいち反応する必要はないでしょう。ただ、彼らの民意の低さを残念に思ってあげるだけでいいのでしょう。遺憾である、などと抗議をするより、なにかの機会に、優しく諭してあげ、未来の世界平和への呼びかけをするだけでいいのです。国の面子や、立場や、発言力や、権益などは、世界平和の前には二の次だと思うのです。

みなさんは、それが大事だと言うのでしょうが。それが自由な世界秩序の中で、普通の国がやるべきである基本中の基本であると言うのでしょうが。それで、満足感と安心感を得たいと思っているのでしょうが。私のことを売国奴と言いたいのでしょうが。

さらに、もしそこで、私のことを、お前はそれでも日本人かと非難してくるのなら、私は、日本人の前に地球人だ、いや人間だと、答えるまでです。私は、だれよりも、日本人が大好きで、日本人としての誇りをもっているつもりでしたが、そう問われれば、そう答えるしかないのでしょう。

どう考えても、世界中のそれぞれの国が抑止力という名のもとに軍備を保有して、いろいろな大義を理由に戦争を繰り返すという現実の姿は、絶対に間違いです。だから、いつでも戦争をしてやろうという、その力が大変強大なアメリカ、中国、ロシアらに、真正面から注意してやることが一番なのです。北朝鮮などはその次です。一般の、普通の、日本人のうち、さらに戦争を嫌だと思っている人なら、このように心に思いをいだいてほしいのです。

戦争は人を殺すものだからいけないのです。理屈はただそれだけですが、ものすごくいけないもので、どうしてもなくさなければならないと、そう「考えなくてはならない」と思うのです。

世界を引っ張る強い国々がますますそれぞれの勢力を拡大し始め、それらに反発するならず者たちの出現が後を絶たず、最後の砦にならなければならないはずである我が国までもが強国に媚び、なびいてしまっているという今の世界は、私たち地球人の最大のピンチなのかもしれません。が、だからこそ、まったく逆の正論をぶつけて世界の流れを急転回させるチャンスでもあると思うのです。

今以上に、より熱く、より強く、そう思っていただくわけにはいかないでしょうか。一般の、普通の日本人が、そう「思わなければならない」と、私は、熱く、強く、思うのです。

道徳的な問題では、あれこれ言い訳を言わずに「〇〇しなければならない」と、強烈に意識して考えるということにでもしない限り、根本的にはなにも解決できないというようなことがあるのではないかと考えます。

やられてもやり返すなと自衛戦争までもを否定するような理想の世界を目指そうという私ですが、けっして、まだ理想社会に到達していない現実社会においては、今、定まっているルールの運用を否定しているのではないのです。何度も繰り返したように、日米安保も自衛隊も集団的自衛権も、今あるすべてを認めているのです。

その上で、理想の平和な社会というものだけは明確に正しい姿としてイメージし、それを目標とし、そこに向かっていくよう流れを変え、現実的に少しずつ進めていきましょう、と言っているだけなのです。その理想の社会になれば、「〇〇しなければならない」が大事ということになりますよね、と今から道徳的に考えておきましょう、と言っているだけなのです。この進め方でなら、どの先進国たちも、どのならず者国家たちも、みんなができることだと思うのです。

そして、理想社会に程遠い現実の今であっても、大国が、堂々と、なんらかの大義を示して武力行使することや、また、抑止力の増強、軍事拠点の拡大などを平気な顔をしておっ始めるということに対しては、それは間違っていると正面から告げて、けっして許さないようにしていきましょう、私たち日本人からそう考える人間になりましょう、とだけ言っているのです。

民主的な手続きをとり、なんとか「社会的」に戦争を認めてしまおうとする者が後を絶ちません。が、私たちは、「人が人を殺してはならない」という「道徳的」な正解が絶対であるとの理由をもって、断固、戦争を認めてはならないのです。

ここで、今述べた「社会的に、と、道徳的に、」という切り口で、また、新たに、賭博というものとも比較をしていきながら、考えを進めていこうと思います。

私たちは、賭博はしてはいけない悪いことであると道徳的考慮の上、社会的に賭博罪というものをつくって、賭博を禁止しようとしています。それなら、社会的に、法律によって、公営競馬やパチンコ、さらには、新法でカジノを認めるなどということは、おかしいのではありませんか。道徳的にいけないのなら、社会的に、法律で、やってもいい賭博という抜け道をつくるべきではないのではありませんか。

そもそも賭博はやってもいいものなのか、いやいや絶対にやってはいけないものなのかを、しっかりと議論して定めるべきだと思うのです。

本論にまったく関係のない賭博法にふれてしまいましたが、それは、私が、このような、人間がよくしでかす、道徳と社会ルールの矛盾や正義実践の不徹底さということが、戦争がなくならないということの、とても重要な原因になっているのではないかと考えているからなのです。

しかし、そもそも、賭け事をするということは、絶対に許してはならぬというような道徳基準ではないように思いますし、また、道徳と社会ルールの矛盾をなくすためにと、全賭博を徹底的に禁止すれば、アングラの世界が栄えるということも心配しなくてはならないのでしょうから、いっそのこと、賭博をしてはならないなどという法律は、なくしてしまえばいいのかもしれません。もちろん、このような賭博法の矛盾はみんなが知っていて、実際の甘々の運用状況を見れば、とりたててここで私が大きな声で主張を展開することもないのでしょうが。

ということで、賭博法については、現状の仕組みでうまくやっていけばいいと思っているのですが、ただ、賭博の是非について本質的にはなんの関係もない、経済成長や外国人観光客のためにとの理由をもって、賭博禁止原則に矛盾となるようなカジノ法をつくろうとすることだけは、間違いであると断じておこうと思います。絶対に戦争をしてはいけないというのに、それをしかたがないとみんなで納得して、それをやむをえないと思うことができるようにと、社会的な理屈と空気感を形成することを考えている人たちに対して、都合のいい悪い見本になってしまうのではないかと心配だからです。

話を本質のところに戻しましょう。賭博をしてはいけない、が、目くじらを立てて取り締まることでもない、軽い約束事であるのに対し、本書の主題である、人が人を殺してしまう行為である戦争をしてはいけないということは、絶対に守らなくてはならない「道徳的」規範です。そして、この件においては賭博法のように、その運用上で甘い判断を許し、それでその絶対悪を見すごすというわけにはいきません。それは、賭博と戦争とでは、そのいけなさの程度が断然違うものだからです。

しかし、為政者は、あえてそれらを同じように扱って、戦争に関しても、きちんと「社会的」に、道徳の核心を外したところで大義やルールをつくり上げ、空気感を醸成し、堂々と平気で「道徳」との矛盾をつくり続けます。国民も、もっともらしいその社会的手続きに、その理屈に、納得をしてしまいがちです。

この類の正しくない事例なら、すでに、ここまでに数多く示してきたと思いますが、あらためて、このような観点にも注目してほしいと書いたこの節で、容易に同意が得られるような社会的理屈あるいはルールによって、戦争をしてはいけないという絶対的道徳基準が軽んじられている実例を見てみましょう。

「自分たちを守ってくれるものだから、という理由で、アメリカの軍事を否定しないこと」「尖閣諸島問題で、それが自分たちの大切な領土に関することであって、さらに国益や面子において頑張りどころであるからという理由をもって、特別その点で、中国に軍事的対抗意識をいだいてしまうという考え方」「国連が認めることによって、その武力行使が国際法上で正しいものとなってしまうという仕組み」など、おかしなところはいくらでもあります。

また、「今後の世界秩序というものを考えるのに、昨今の中国の戦略に対抗するためにも、日米欧は、経済的、軍事的に、より一層の連携とさらなる充実をはかり、新機軸を確立していかなければならない」なども、有力な知識人らの、もっともらしい意見ではあるのですが、「軍事的に」が入っている時点で、この文はアウトです。それは、軍事的に充実するということは、軍拡でしかないからです。どんなに、やむをえない、まっとうな動機が成り立っていようと、道徳的には、戦争は人殺しで悪いことでしかなく、その準備としての軍備充実をこれ以上絶対に許してはならないからです。

このように、私たちは、権威のある人たちのもっともらしい意見に対して、普通に、考え違いをして、そうかなと同意してしまいます。しかし、この立派な文章でさえ、社会的なもっともらしい理屈で道徳をないがしろにするという悪しき例の典型なのです。ここで、道徳を盾に、ひとりひとりが抗おうとしない限り、絶対に正義は浮かばれません。ここを流されることなく踏みとどまらない限り、絶対に戦争はなくなりません。だから、私たちは、ここでしっかりと考えるべきだと思うのです。

社会的に言い訳をつくって悪いことを保護しようという仕組みに気づき、条件さえ整えば戦争をしてもよいという、道徳と矛盾する社会的ルールを、今後どれだけの時間をかけてでも、正していかなければならないと思うのです。戦争をしないということに関しては、道徳と社会ルールの矛盾を放置しておくわけにはいきませんし、正義実践の不徹底も許されないからです。

そのためには、第一歩として、多くの人が「私が二冊の本に示したように考える」

ことだと思います。そして、こう考えることができるようになれば、自分たちの安全を守るためにや、国の体面を保つために、などの理由を立ててもっともらしく発言される、日米の主流派による安全保障に関する、抑止力やいざというときの武力行使を「あってよい」当然のことと前提条件にしてしまっている言葉に対して、それらすべてをアウトと思うことができるのです。この考え方は、絶対的な道徳の実践を目指そうというときに、とても有効な思考パターンであると思います。ぜひとも、多くの方々にこのような心もちになっていただきたいと思います。

これで、ならず者がいるのだから「力による平和」もしかたがないかと、あきらめ半分で認めようとしていた人も、「道徳による平和」こそが正義だと、考えあらためていただけると思うのです。

ヒトの進化を考えるときには、まずは、人間の多様性と向上心が、「社会的に」、さまざまなすばらしい文化をつくり出すというところに目が向けられることになりますが、その中でも、「道徳的に」人間の本性が制御されているということは、なにより、その大前提になっていなければならないでしょう。

私たちは、他者との相対的関係を強く意識し、過去と未来と比べつつ今を考え、あらゆる事象の中でバランス感覚こそを大切にして、すなわち、勝ち負け、損得、の程度を計りつつ物事を進めていこうとあくせくしていますが、ほんとうに大事なことは、その中にある「道徳的に絶対的なもの」をしっかりと見つめ、それをかたくなに実行していくことではないかと思うのです。

そして、特に、この安全保障に関することに限り、社会学や、政治学や、法学や、経済学などが語る「社会的な」何事よりも、哲学が言う「道徳的な」「戦争をしてはいけない」だけが、その絶対に死守すべき第一の律なのだと思うのです。


少々視点を大きく広げすぎてしまいましたが、身近なところということで、会社のほうに目を向けてみますと、それが会社に忠誠を尽くすことだということで、隠れ残業、付き合い残業などは当たり前のことだと思われてきましたが、今は、それが間違いであるということに変わっています。程度によっては、組織にとって必要悪と、かって認められることもあった、上席者の厳しい態度や異性との不適切なコミュニケーションなどは、今は、パワハラ、セクハラとなって完全にアウトです。昔から、そのいけなさが変わったわけではありませんが、飲酒運転に対する懲罰の厳しさもすっかり変わったように思います。

もちろん、これらのことは、世の中を引っ張る方々の努力の積み重ねの結果だとは思いますが、それ以上に、多くの人たちが、正しいことを考えるようになったことこそで、社会の常識が変わったのだとも思います。

これら会社で起きている、当たり前の「常識の転覆」を見れば、人殺しである戦争をやめよう、が実現できないわけがないでしょう。みんなで、それが正しいことだと心に念じればいいだけだと思うのです。それは、正しいことは、正しいことであるからなのです。きっと、いつかそのときが来れば、「昔は、しかたがないと正義の戦争なんかを認めていたのよね。ほんと野蛮な時代だったのよね。」と笑い話になっていることと思うのです。

さて私は、この最後の最後に、自説をさんざん繰り返したあげくに、そう思うようになってくださいとみなさんの心のもちようまでを誘導しようとしているのですから、とんでもなく無礼で押し付けがましいことをしている奴と思われているのかもしれません。全体的に流れているこの雰囲気が、私の文章が多くの方に受け入れられていかない大きな理由なのかもしれません。

でも、これは、私の考えが正しいことであると、また、そうかもしれないと少しでも共感してくださった方々にだけへの、もう一歩前に進んでいただけませんかという、切なるお願いという気持ちでしかないのです。どうか、人としてこう考えるべきだと、上から偉そうに講釈をたれ、自分の主張を正義漢ぶって押し付けてくるとんでもない傲慢野郎だというようには見ないでほしい。私はただ、戦争が嫌で嫌でしかたなく、自分の身にかかるということでなくとも、見たり聞いたりするだけでも怖くて怖くてしかたがないので、一緒に戦争がなくなるよう念じてくださいませんか、そして、戦争をなくす方法もないわけでもないから、私に賛同してこの考え方を広めていただけませんかと、懇願、憐れみを乞うているということでしかないのです。どちらかと言えば、自費出版で本を二冊も書いたのですが、力がないからなのでしょうが、世の中に相手にされず、情けなくも、土下座でもなんでもするから、同情してほしいという気持ちであるように思っています。

ここまで書いたのは、みなさんの心のもちようが変わるという、そこまで進んでいかないことには、私の呼びかけ、私の作戦が、なにも始まらないからです。私の作戦が、みなさんと一緒に平和を願い、平和を念じることから始まるという草莽崛起だからなのです。でも、私の作戦などはどうでもいい。私はただ、「そうなることでしか、絶対に戦争がなくならない」からと、世界平和の実現を強烈に希望しているだけなのです。

それがどんな理由であれ、もし、個人的な欲望をもとに殺人が行われたとしたら、私たちはその行為に対して怒りに震えることができるのでしょう。それなら、いくら国民の安全を確保したいからであっても、また、さまざまな権益を守るためなのであっても、それらも同じく私的な欲望にすぎないのですから、それで戦争という人間が人間を大量に殺す行為を引き起こそうという国がいれば、私たちは、絶対に「それは間違っている！　許せない！」との気持ちが自然に湧き上がるような人間になれるのではないでしょうか。私たちは、少し心もちを変えるだけで、簡単にそうなれるはずだと思うのです。私は、ぜひとも、そうなりましょうと、ここまで呼びかけてきたのです。

共感していただけるみなさんには、ただ、その心にこの思いをいだいてくださるだけでいいのです。できれば、あなたの隣のもうおひとりに、その思いを伝えていただければ、さらに嬉しいということなのです。可能ならば、その方にこの本をすすめていただきたいと願うのです。

そのようにして、この考え方が広まって、やがては、国を動かす方々の心に届き、それでついには日本が変わるという、夢のような、でも絶対に現実としてもありうるという、私の希望の物語を書いてきました。それが何人なのかはわかりませんが、私がこの二冊に書いたように心もちを変えてくださる日本人が、ある一定数に達すれば、間違いなく、日本は激変するのだと思います。それは、おそらく、多くの日本人の夢であると思います。多くの地球人、すなわち人間の願いであるのだと信じます。

最後に、ここまでお読みくださり、ほんとうにありがとうございました。心より御礼申し上げます。

また、出版に際し多大な苦労をおかけした出版社関係の方々をはじめ、これまでお世話になった大勢の先輩、仲間、さらにはそばでいつも支えてくれる家族に対し、あらためまして、二冊目の本書を上梓できましたことを感謝いたします。

どうもありがとうございました。

著者プロフィール

後藤　康（ごとう　やすし）

1959年、大阪市生まれ。大阪府立天王寺高校（野球部OB）、大阪大学工学部建築工学科卒。1981年、大成建設㈱に入社。主に建設現場で施工管理業務に従事。2016年より東京不動産管理㈱。技術士（衛生工学・総合技術監理部門）、一級建築士他。さいたま市在住。幕末維新、阪神タイガース、浦和レッズ狂。

著書『これで世界は平和に向かう　吉田松陰の魂とともに日本の安全保障を考える』（2017年　文芸社）

このままでは永遠に世界は平和に向かわない

力による平和や、核兵器禁止条約反対を疑問に感じていて、ただただ戦争がなくなればいいのにと平和を願うあなたへ

2018年９月15日　初版第１刷発行

著　者　後藤 康

発行者　瓜谷 綱延

発行所　株式会社文芸社

〒160-0022　東京都新宿区新宿１－10－１

電話　03-5369-3060（代表）

03-5369-2299（販売）

印刷所　株式会社暁印刷

ISBN978-4-286-19756-2